아무도 가르쳐주지 않는
직장 생활 센스와 매너

+ info <아무도 가르쳐주지 않는 직장 생활 센스와 매너>는 2022년 한경무크에서 실시한 직장인 대상 설문조사 결과와 자문단 6인의 인터뷰, 전 삼성SDS 대표이사 이명환의 저서 <직장인 이럴 땐 어떻게?>를 참고해 내용을 구성했다.

한경 **CAREER**

아무도 가르쳐주지 않는

직장 생활 센스와 매너

배려와 존중의 표현

N년차 직장인의 지극히 사소한 궁금증 - 복장부터 인사법까지

이 책을 읽기 전에

저는 눈치가 좀 없는 편이라 사회생활을
시작했을 때 걱정하는 선배가 많았어요.
저러다 그만두는 거 아닌가 하고요.
여러분은 그런 시행착오 없이 꽃길만 걸었으면
하는 마음으로 이 책을 펴냅니다.

- 편집장 이선정 올림

태도는 생각보다 많은 걸 말해줍니다

저도 누가 알려줘서 하나둘 알아가고 있습니다.
사실 아직도 모르는 게 많고요.
좋은 태도는 누구에게 잘 보이겠다는 의도로 취하는 것은 아닙니다.
사람 여럿이 모이면 매너는 꼭 필요합니다.
오히려 '천상천하 유아독존형'이 위험하죠.
아무리 일을 잘해도 태도나 말투에 따라
마라톤 같은 인생사가 험난해질 수도 있으니까요.
마찬가지로 인생은 장기전이라 오늘 핀잔 좀 들었다고
마음의 상처를 받거나 주눅 들 이유도 없습니다.
내일 잘하면 되죠 뭐.
책의 내용은 합리성과 객관성을 확보하기 위해
세 차례에 나눠 사회 초년생 직장인들이 회사에 다니면서
궁금했던 것들을 조사하고 가이드를 제시해 줄
전문가를 찾아 들은 조언으로 구성했습니다.
태도가 별건가 싶지만 사람의 인상은 그런 데서 정해집니다.
앞으로 갈 길이 구만리인 후배님들,
가고자 하는 곳을 향해 느리지만 묵직한 걸음 내딛으시길 바랍니다.

Contents

4
OPENING

이 책을 읽기 전에	4
막내의 속마음	10
후배들의 궁금증	14
직장인 매너 테스트	18

선배님, 한말씀 부탁드립니다
직장 매너 레벨 1 - 기본편	22
직장 매너 레벨 10 - 심화편	30

40
매너 가이드

[용모 & 복장]
01 출근할 때 청바지 입어도 되나요?	42
02 회사에서 헤어롤러를 만 채 일하면 안 되나요?	44
03 미팅이 있을 때는 무슨 옷을 입어야 하나요?	46
04 사무실에서 향수를 뿌리는 것, 실례일까요?	48

[인사 & 호칭]
05 인사는 언제, 어떻게 해야 하나요?	52
인사를 해야 하나 말아야 하나 고민될 때	54
06 비슷한 또래의 사원에게 OO씨, OO님?	56
07 '언니'라고 부르면 안 되는 이유	57
08 김철수 부장님, 김 부장님, 철수 부장님?	58
09 상사의 성함이나 직급이 기억나지 않을 땐 어쩌죠?	60

[회의 & 보고]

10 회의할 때 뭘 해야 하나요? 64
11 회의록은 어떻게 작성해야 하나요? 66
12 회의실에도 상석이 있나요? 68
13 언제, 뭘 보고해야 하나요? 70
14 어떻게 보고해야 하나요? 72
15 '네'라고만 대답하면 안 되나요? 74
　　　직장 용어 모음 76
　　　상황별 업무 지시 대처법 78

[전화 & 이메일]

16 전화받을 때 제 이름을 밝혀야 하나요? 82
17 사적인 전화, 사무실에서 받아도 되나요? 84
　　　전화 매너 가이드 86
　　　상황별 전화 스크립트 88
18 전화 말고 문자 하면 안되나요? 90
19 메신저로 소통할 때도 딱딱하게 말해야 하나요? 92
　　　SNS 메신저 매너 가이드 94
20 비즈니스 이메일 쓰는 게 어색해요 96
21 수신과 참조, 숨은 참조의 차이 98
22 배상, 올림, 드림의 차이 99
　　　이메일 작성 가이드 100
　　　회사에서 사용하는 '회사어' 102

[점심 & 회식]

23 점심을 혼자 먹어도 되나요? 106
24 수저 세팅, 막내가 해야 하나요? 108
　　　직장인의 '스몰 토크' 이모저모 110
25 식당에서 제 자리는 어디인가요? 112
26 회식, 꼭 참석해야 하나요? 114
27 갑자기 건배사를 시킬 때 116
　　　파인 다이닝 테이블 가이드 118
28 파인 다이닝 매너 120
　　　냅킨 사용법 122

[처세]

29 큰 실수를 한 것 같은데, 이를 어쩌죠? 126
30 딱 5분 늦을 것 같을 때 128
　　　사과 가이드 130
　　　감사 가이드 131
31 부정적인 피드백에 핑계 대듯 말하지 않는 법 132
32 타 부서의 협조를 받고 싶을 때 어떻게 해야 하나요? 134
33 은근슬쩍 공을 가로채는 선배, 현명하게 일한 티 내는 법 136

[연차 & 퇴사]

34 마음대로 연차 쓰면 안 되나요? 140
35 당일 연차 사용할 때 문자로 말해도 되나요? 142
36 아무도 모르게 퇴사하면 안 되나요? 144
　　　퇴사 프로세스 가이드 146

[미팅·외근 & 조문]

③⑦ 미팅 완벽 준비법　　　　　　　　　**150**
③⑧ 명함은 언제 주고받아야 하나요?　　**152**
③⑨ 외근 후 바로 퇴근해도 되나요?　　　**156**
④⓪ 엘리베이터에도 상석이 있나요?　　　**158**
④① 택시에도 상석이 있나요?　　　　　**160**
④② 장례식에서 '안녕하세요'라고　　　　**162**
　　 인사하면 안 되나요?
　　 조문 가이드　　　　　　　　　　　**164**
　　 조문 위로 가이드　　　　　　　　　**168**

센스 가이드

[일 센스]

열심히 일하지만 자꾸 뭔가를 빠뜨린다　**172**
일의 우선순위를 모르고 일단하고 본다　**174**
문제가 생기면 무조건 상사에게 달려간다　**176**
어떻게 질문해야 할지 몰라 아예　　　　**178**
질문을 안 한다
마감 기한을 지키지 못한다　　　　　　**180**

CLOSING

선배들의 속마음

회사 선배의 진실 랭킹　　　　　　　　**184**
시니어 SAYS　　　　　　　　　　　　**188**
MBTI 유형별 상사 대처법　　　　　　　**190**
속마음 번역기　　　　　　　　　　　　**194**
일 잘하는 직장인이 이용하는 사이트 모음　**196**
<아무도 가르쳐주지 않는 직장 생활　　**198**
센스와 매너>를 만든 스페셜 자문단
이 책을 읽고 나서　　　　　　　　　　**200**

막내의 속마음

저만 이러나요?

8:55 a.m. **출근길**
엘리베이터 안

엘리베이터를 탔는데 팀장님이 타고 계시다. 나를 못 본 것 같은데 뒤돌아서 인사를 해야 할까, 말아야 할까.

8:58 a.m. **출근 완료**
사무실

출근 시간인 9시 2분 전인데 다들 자리에 앉아 있네. 사무실이 적막해서 인사하기가 쑥스럽다. 조용히 자리에 앉아야겠다.

난 입사 9개월 차 부서의 막내 윤 사원. 중견기업의 마케터로 근무 중이다.
이때쯤이면 일 잘하는 '프로 직장러'가 될 줄 알았는데 현실은 녹록지 않다.
애매모호하고 알쏭달쏭한 하루의 연속이다.

 일하는 중
책상 앞

아침에 땀을 흘렸더니 앞머리가 엉망이다. 헤어롤러를 만 채 일하는데 팀장님이 나를 보더니 작게 한숨을 쉰다. 왜 눈치를 주는 거지?

11:10 a.m. 주간 회의 시작
회의실

회의실 문을 안 닫고 들어왔다. 입구까지 가기에는 조금 먼 자리인데 어쩌지? 가야 하나, 말아야 하나? 들어오면서 닫을 걸 그랬나?

11:15 a.m. **메일 발송 후**
사무실

이걸 어째, 첨부파일을
또 빠뜨렸네! 다시 보니
거래처 대표님 성함도 잘못 썼다.
죄송하다고 사과 메일 보내야 하나?

12:10 p.m. **점심시간**
식당

수저를 꼭 막내가 놓아야 하나!
가까이에 있는 사람이 놓으면 되지.
그런데 분위기가 좀. 내가 뭘 잘못
한 건가….

| 3:20 p.m. | **통화 중**
책상 앞

"제 담당이 아닌데요….
저도 모르겠는데…. 네?
아니, 왜 화를 내고 이러세요."
기껏 전화 당겨 받았더니
이상한 사람이네.

| 5:10 p.m. | **보고 중**
부서장 실

연차 쓰겠다는데, 왜 뭐라고
하시는 거지?
연차도 눈치 보고 써야 하는 건가.
지금 맡은 일도 문제없이
잘하고 있는데.

후배들의 궁금증

3년 차 미만 연차 낮은 직장인에게 물었다.
일하며 궁금한 직장 생활의 모든것.

"물어보기 애매해서 참아온 질문, 정답이 궁금해요"

용모·복장

편한 복장이라는데, 어디까지 가능한가요?
세미 정장이라도 입어야 하나요?
민소매 옷 입어도 되나요?
너무 튀는 색상의 옷을 입으면 윗사람들이
단정하지 않다고 생각할까 봐 눈치보여요.
여름에 반바지 입어도 되는지 물어봐도 될까요?
맨투맨 티셔츠나 미니스커트
입어도 괜찮은가요?
티셔츠 입고 출근해도
되나요?

인사

출근할 때 인사 안 하고 자리에 앉으면 안 되나요?
허리를 90도로 숙이고 인사해야 하나요?
회사에서 모르는 사람한테도 인사해야 하나요?
가벼운 목례는 예의 없어 보일까요?
매일 출근해서 한 사람 한 사람한테 꼭 인사해야 하나요?
눈을 마주치며 인사하는 게 맞는 건가요?
화장실에서 마주쳤을 때는 어떻게 인사하나요?

+ info 한경무크 SNS 채널을 통해 한 달간 세 차례에 걸쳐 실시한 리서치 결과.
회사에 다니며 물어보기 애매한 것을 묻는 질문에 응답자들이 답한 내용이다.

보고

간단한 사항은 카톡으로 보고해도 되나요?
결과만 보고해야 하나요?
보고 양식이 있나요?
보고 기한을 정해주지 않으면 언제까지 해야 하나요?
구두로 보고할 것과 서면으로 보고해야 할 것을 어떻게 구분하나요?
서류만 책상 위에 올려두면 안 되나요?
상사를 찾는 전화가 오면 즉시 보고해야 하나요?
선 조치 후 보고, 괜찮은가요?
아침마다 보고해야 하나요?
물어보지 않는 사항도 먼저 보고해야 하나요?

점심·회식

개인 사정으로 회식에 빠지고 싶은데 뭐라고 해야 할까요?
단둘이 식사하게 됐을 때는 마주 앉아서 무슨 얘기를 하는 게 좋을까요?
따로 먹고 싶을 때 서로 무안하지 않게 거절하는 방법이 궁금해요.
메뉴를 왜 막내한테 정하라고 해요?
물과 수저를 왜 제가 다 챙겨야 하나요?
회식 때 제가 먼저 술을 따라드려야 하나요?
식당에서 저는 어느 자리에 앉아야 하나요?

미팅·외근

명함을 상사보다 먼저 드려야 할까요, 나중에 드려야 할까요?
미팅 시간 몇 분 전까지 도착하는 게 바람직한가요?
상사와 함께 외근을 나갔을 때 어떻게 해야 할지 모르겠어요.
외근 후 일찍 끝났을 때 보고 하지 않고 바로 퇴근해도 괜찮을까요?
외부 인사와 미팅 시 자리 배치는 어떻게 해야 하나요?

이메일·전화

급한 일이니 상사의 전화번호를 알려달라고 하면 어쩌죠?
이른 아침이나 밤늦게 오는 상사의 전화는
안 받아도 괜찮을까요?
모르는 직원을 찾으면 누구한테 물어야 하나요?
전화할 때 직책과 이름은 항상 먼저 말하는 게 좋을까요?
이메일을 보낼 때 수신, 참조는 누구에게 하나요?
이메일에 인삿말을 꼭 써야 하나요?
파일을 보낼 때 꼭 내용을 써야 하나요?
회사 메일은 실시간으로 확인해야 하나요?

경조사

거리가 먼 상갓집은 조문 가고 싶지 않은데 괜찮을까요?
친하지 않아도 경조사에 꼭 참석해야 하나요?
팀원이 다 같이 가면 무조건 가야 하나요?
안면만 튼 다른 팀 동료일 때 부조금은 얼마를 내나요?
어떤 말로 위로해야 할지 모르겠어요.
부조금만 보내도 되나요?
부조금은 얼마를 내야 할까요?
상가에서 얼마나 머물러야 하나요?
직장 동료의 가족 상갓집은 어떤 관계까지 가야 하나요?

연차·병가

그냥 대놓고 써도 되나요?
금요일에 연차 쓰기 눈치 보이는데 상관없나요?
내 연차를 왜 마음대로 쓰기 어려운가요?
당일에 병가 내는 건 문제 있는 건가요?
병가 사유를 자세히 밝혀야 하나요?
당일에 아플 때 전화 또는 문자로 어떻게 말씀드리죠?
병가 낼 때 다른 팀원의 눈치가 보여요.
입사한 지 몇 달 안 됐는데 연차 내도 되나요?
출근 후 반차를 써도 될까요?

퇴사

퇴사하고 싶을 때 미리 말하는 편이 좋은가요?
퇴사 상담은 누구와 하나요?
얼마나 미리 말해야 하나요?
면담하지 않고 사표만 내면 문제가 생기나요?

'YES or NO' 나의 직장 매너 유형은?

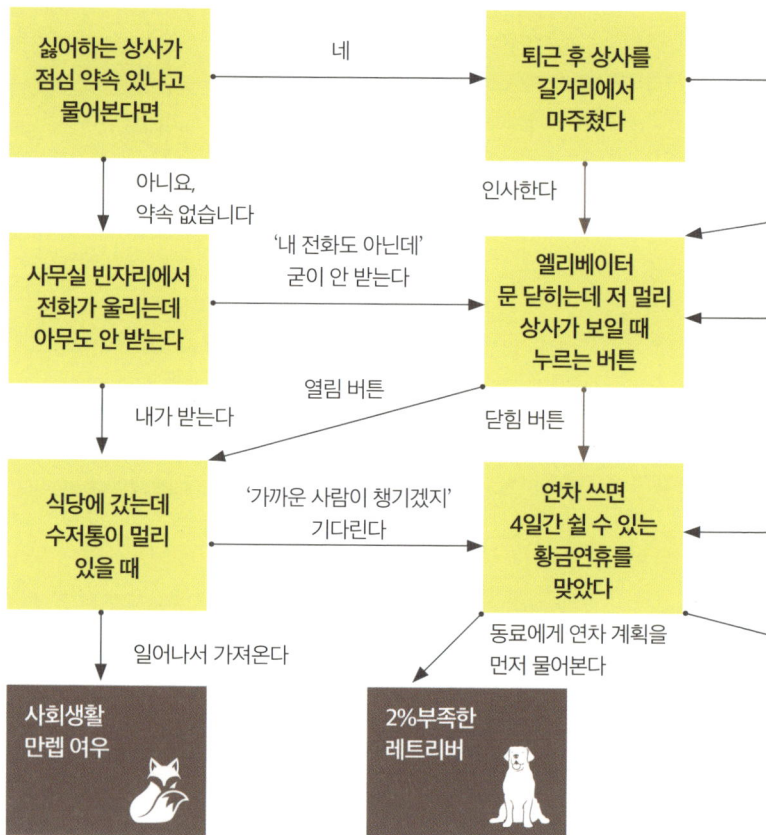

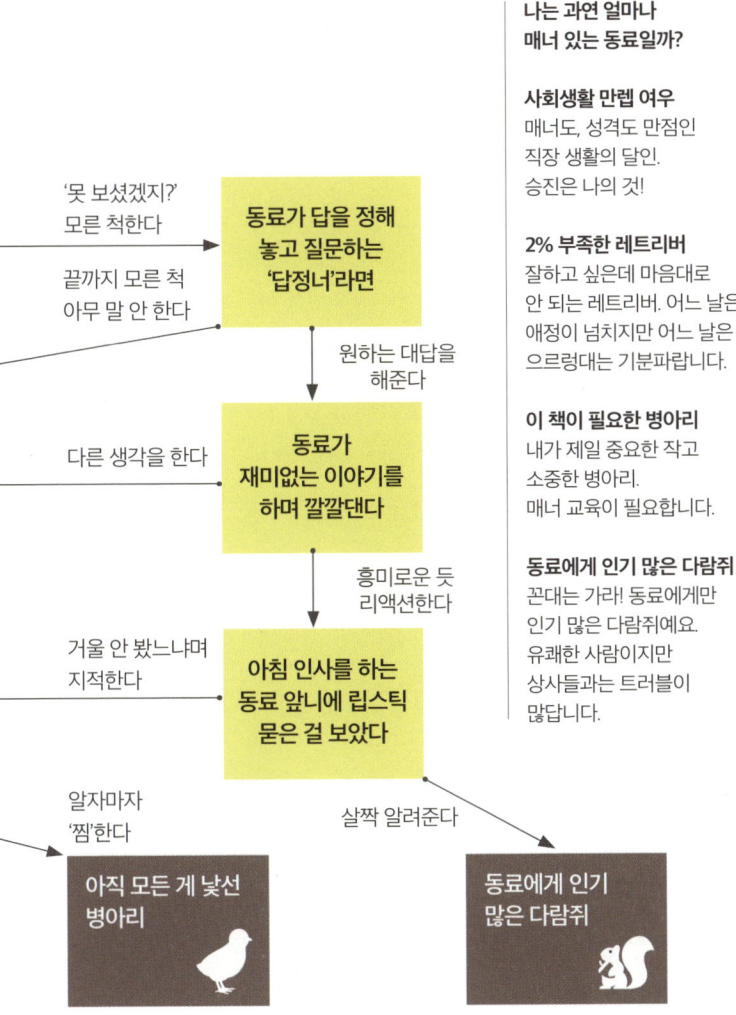

나는 과연 얼마나 매너 있는 동료일까?

사회생활 만렙 여우
매너도, 성격도 만점인
직장 생활의 달인.
승진은 나의 것!

2% 부족한 레트리버
잘하고 싶은데 마음대로
안 되는 레트리버. 어느 날은
애정이 넘치지만 어느 날은
으르렁대는 기분파랍니다.

이 책이 필요한 병아리
내가 제일 중요한 작고
소중한 병아리.
매너 교육이 필요합니다.

동료에게 인기 많은 다람쥐
꼰대는 가라! 동료에게만
인기 많은 다람쥐예요.
유쾌한 사람이지만
상사들과는 트러블이
많답니다.

선배님, 한말씀 부탁드립니다

사원으로 시작해
임원까지 오른 선배들이 알려주는
직장 매너 노하우

직장 매너 레벨 1 - 기본편

배려와 존중이
업무 능력만큼 중요합니다

박해룡(스탠다드에너지 HR부문장/CHRO)

직장은 수많은 사람이 함께 일하는 곳입니다. 저마다 다른 성향을 가진 사람들이 모여 있기 때문에 다양한 언행이 나타날 수 있습니다. 공동생활에 필요한 최소한의 행동 기준이 있고, 서로 기대하는 행동이 있는데 우리는 그것을 '직장 매너'라고 합니다.
직장 매너는 조직 구성원이 공통적으로 기대하는 행동이기 때문에 서로를 위해 지켜야 합니다. 어쩌면 나 자신의 행복한 직장 생활을 위해 내가 먼저 지켜야 할 기준이라고 표현하는 것이 더 옳을 것입니다. 직장 매너를 한마디로 표현하면 함께 일하는 사람을 배려하고 존중하는 구체적인 행동이라고 할 수 있습니다. 다른 사람을 배려하고 존중하는 마음으로 행동한다면 매너가 좋은 사람으로 인정받고, 나 자신도 배려와 존중을 받을 수 있습니다.

존중받고 싶으면 다른 사람을 먼저 배려하고 존중하라

직장 매너는 함께 일하는 사람들과 관계를 맺을 때 꼭 필요합니다. 사람은 누구나 존중받고 있다고 느낄 때 기분이 좋아집니다. 존중받고 싶다면 내가 먼저 다른 사람을 배려하고 존중하면 됩니다. 하지만 그것이 말처럼 쉬운 일이 아닙니다. 보통 누군가를 배려할 때 상대방도 나를 배려하기를 기대하게 되고, 그런 기대가 충족되지 않으면 서운한 마음이 생길 수 있습니다. 그리고 이런 경험이 몇 번 쌓이면 서로 배려하는 데 걸림돌이 될 수 있습니다. 그러니 누군가를 배려하면서 상대방에게 대가를 바라지 말고 다른 사람을 배려하는 행위 자체를 즐기기 바랍니다. 결국 내가 존중받게 될테니까요.

직장 매너의 판단 기준은 '상대'가 되어야 한다

직장 매너를 둘러싼 문제는 대부분 판단 기준의 차이에서 생깁니다. '나는 이렇게 잘 했는데 왜 상대방이 나에게 이렇게 하지' 하는 마음이 갈등의 원인이 됩니다. 하지만 자신은 상대를 배려하고 존중했다고 생각해도 상대방은 나의 생각과 다르게 느낄 수 있습니다. 직장 매너는 상대가 어떻게 느끼느냐가 중요합니다. 그래서 직장 매너의 판단 기준은 상대방이 되어야 합니다.

직장 매너는 나의 평판을 만든다

직장 매너는 일의 성과를 내는 데 도움이 되고, 나의 평판을 결정짓는 요인이 됩니다. 물론 직장 매너를 잘 지키기는 무척 어렵습니다. 기준이 다양한 다른 사람의 기대에 어긋나지 않게 배려하고 존중해야 하기 때문입니다. 어려운 만큼 내가 잘하면 좋은 평판을 얻게 됩니다. 다른 사람의 배려에 감사하기는커녕 오히려 그 사람을 만만하게 보고 이용하는 사람도 종종 있습니다. 한두 번은 그게 통할 수 있지만 금방 평판이 나빠지고 결국 끝이 좋을 수 없습니다. 그 반면에 평판이 좋은 사람은 직장 내에서 환영받을 뿐만 아니라 퇴직 후에 복을 받습니다.

경력직으로 직장을 옮길 때 평판을 조회하는 사례가 늘어나고 있습니다. 직장 매너가 한 개인의 평판(reputation)에 절대적 영향을 미친다는 사실을 꼭 기억하시기를 바랍니다.

최고의 인재는 직무에 대한 전문성을 갖추고, 좋은 매너가 몸에 밴 사람이다

'어떤 사람과 같이 일하고 싶으세요?, 어떤 사람이 인재인가요?' 이런 질문을 갖고 인재에 대해 토론하는 경우가 많습니다. 이때마다 공통적으로 나오는 의견이 전문성과 인성의 균형입니다. 하드 스킬과 소프트 스킬이라고 표현하기도 합니다. '하드 스킬(hard skill)'은 생산, 마케팅, 재무회계, 인사(人事) 등 기업이나 조직의 업무를 수행하는 데 필요한 경영 전문 지식이나 능력을 의미하는 말로 한마디로 '직무 기술'이라고 할 수 있습니다. '소프트 스킬(soft skill)'은 기업이나 조직에서 조직 구성원이 갖는 문제 해결, 의사소통, 협동성 따위의 능력을 일컫는 말로 한마디로 '대인관계 기술'이라고 할 수 있습니다. 즉, 직무에 대한 전문성을 갖추고 좋은 매너(또는 에티켓)까지 몸에 밴 사람을 진정한 인재라고 본다는 의미입니다. 직장 매너는 작은 행동으로 평가받습니다. 나의 역량이나 전문성이 작은 행동으로 인해 평가절하 되는 일은 없어야 합니다. 최고의 인재는 전문성을 갖추고 상대방을 배려하고 존중하는 사람입니다.

다른 사람의 피드백을 들어라

직장 매너에 대해 지적을 받은 사회 초년생을 만나 그들에게 물었습니다.
"왜 예의가 없다는 지적을 받았을까요?"
"저도 모르겠습니다. 왜 저의 행동이 무례하다고 하는지를요."
"같은 상황이 본인에게 생기면 어떨 것 같으세요?"라고 다시 질문했습니다.
약간 오해할 수도 있겠다는 대답을 듣고, 예의 없다고 느낄 수 있는 구체적인 행동에 대해 짚어주었습니다.
"아, 저도 그런 상황을 겪으면 똑같이 느꼈을 것 같습니다."
그제야 그들은 자신의 잘못을 인정하고, 앞으로 더 주의해야겠다고 말했습니다. 이렇듯 자신의 행동에 대해 스스로 평가하기는 어렵습니다. 직장 매너는 상대방의 관점에서 평가하는 것이니 나의 직장 매너를 개선하기 위해서는 상대방의 입장을 이해해야 합니다. 나의 말과 행동에 대해 상대방의 관점에서 성찰해 보고, 다른 사람들의 피드백을 들어야 합니다. 타인의 객관적인 피드백이 나를 성장시키는 밑거름이 된다는 생각으로 수용적인 태도를 길러보세요.

직장 매너의 기본은 무엇인가

직장 매너에는 어떤 것이 있을까요? 무엇이 더 중요할까요? 또 어떻게 해야 할까요? 이런 질문을 자주 받습니다.
직장 생활에서는 모두가 지키기를 기대하는 직장 매너가 많이 있습니다. 옷차림부터 인사할 때, 보고할 때, 걸을 때, 식사할 때, 전화를 받을 때, 경조사에 참석할 때, 이메일을 쓰거나 호칭할 때 등 직장 생활 안에서 이루어지는 모든 말과 행동을 포함하고, 하물며 문서 양식까지 포괄적 의미의 직장 매너에 포함될 수 있습니다. 그중에 무엇이 더 중요한지 경중을 따진다면 기본이 중요하다고 볼 수 있습니다. 직장 매너의 기본은 인사를 잘 하고, 약속을 지키며, 근태(근무 태도)관리를 잘 하는 것입니다. 그 외에 직장 내에서 이루어지는 모든 행위가 직장 매너의 범위에 포함되며, 중요하게 생각하는 것은 사람마다 조금씩 다릅니다. 이 중에 자주 문제로 제기되는 몇 가지에 대해 어떻게 하는 것이 올바른 직장 매너인지 생각해 봅니다.

직장 매너의 시작은 '인사'다

직장 생활의 하루는 인사로 시작되고, 인사로 마무리됩니다. 사무실, 화장실, 엘리베이터, 이동 중에 상사나 동료를 마주치게 되므로 근무 시간 중에도 인사의 연속이라고 볼 수 있습니다. 이 때문인지 직장 매너의 문제로 가장 많이 언급되는 부분이기도 합니다. 출근할 때 눈도 마주치지 않고 자리에 앉는 동료를 보거나, 퇴근할 때 말없이 나가는 동료를 보면 어떤 생각이 드세요? 또는 에너지와 밝은 기운이 느껴지게 인사하는 후배를 보면 어떤가요?

인사에도 몇 가지 구성이 있고, 또 기본 매너가 있습니다. 먼저 인사는 태도, 표정, 목소리의 조합입니다. 이 세 가지 요소에 나의 마음을 담을 수 있고, 나도 모르게 속마음이 드러날 수도 있습니다. '저는 무척 피곤해 인사조차 하기 힘들고 귀찮아요'라는 마음을 담을 수 있고, '출근길이 힘들었지만 하루를 힘차게 시작해 봐요'라는 응원과 의지를 담을 수도 있습니다. 직장 생활이 힘들어도 출근할 때는 밝은 표정으로 에너지를 실어 인사해 보세요. 인사를 통해 나의 에너지 레벨을 높이는 효과를 기대할 수 있습니다. 힘들다고 대충 인사하거나 인상을 쓰면 더 힘들어질 수 있습니다. 지각했을 때나 일찍 퇴근할 때도 마찬가지입니다. 지각했을 때 슬슬 피하기보다 오히려 큰 소리로 늦어서 "죄송합니다" 하고 인사한 뒤 자리에 앉아 자기 할 일을 열심히 하는 모습을 보이면 상사와 동료들은 나를 더 높게 평가합니다. 지각한 이후의 행동이 더 중요하며, 그것은 인사를 통해 나타납니다.

근태 보고는 직장 생활의 기본이다

직장에서 자리를 비울 때 말을 하고 가는 사람과 하지 않고 슬그머니 사라지는 사람이 있습니다. 크고 작은 일로 자리를 비울 때마다 보고를 하면 "잘 다녀와요, 그 정도는 알아서 다녀오면 됩니다"라는 말을 들을 수 있습니다. 그래도 외출 등 근태와 관련해서는 습관적으로 보고를 하는 편이 좋습니다. 갑자기 급한 일이 생겨 찾을 때 행선지를 모르거나 연락이 되지 않으면 크게 문제가 될 수 있습니다. 그래서 외근 나갈 때는 물론이고, 휴가를 다녀올 때, 심지어 사내에 다른 부서를 방문하거나, 회의에 참가할 때도 말을 하고 가야 합니다. 시간이 많이 걸리는 문제도 아니고 귀찮은 일도 아니며 일종의 습관일 수 있습니다. 최근 조직에서 휴가 사유를 먼저 묻지 않고, 휴가 결재조차 하지 않는 사례가 늘고 있습니다. 하지만 상사가 묻지 않더라도 내가 먼저 근태를 보고하는 것이 지혜로운 직장 매너입니다. 근태 보고를 자주 해서 손해 볼 일은 거의 없습니다. '입

즉고, 출즉고(入卽告, 出卽告)'라는 옛말이 있습니다. 들어오면 즉시 고하고, 나가는 즉시 고하라는 뜻으로, 옛 선인들이 스스로를 경계하고 삶의 지혜로 삼던 문구입니다. 현대의 사회 초년생들도 경계로 삼을 만하다고 생각합니다.

업무 보고에도 직장 매너가 필요하다

업무와 관련해 상대방을 배려하고 존중하는 방법은 어떤 것이 있을까요? 한마디로 업무를 지시한 사람이 궁금해 할 일을 만들지 않는 것입니다. 일이 어떻게 진행 중인지 궁금하고, 언제쯤 마치는지 궁금하고, 무슨 문제가 있는지 궁금해서 업무 담당에게 묻게 된다면 이미 일을 잘 못하고 있는 것입니다. 묻기 전에 경과를 공유하고 필요한 협조를 구하는 사람이 일을 잘하는 사람이며, 함께 일하는 사람을 배려하고 존중하는 태도가 몸에 밴 사람입니다. 일이 예상보다 늦어질 때 많은 사람이 미안한 마음에 소통을 더 소극적으로 하게 됩니다. 하지만 이것은 오히려 화를 키우는 행동입니다. 늦어진다면 늦어지게 되는 사유와 상황을 빨리 알려 공유하는 것이 바람직합니다.

약속은 신뢰다

약속은 신뢰 형성에 큰 영향을 미칩니다. 일을 조금 더 잘하고 조금 더 못할 수 있지만, 그것을 판단하기는 무척 어렵습니다. 하지만 약속 시간에 늦었는지는 판단하기 쉽습니다. 불가피하게 약속 시간에 늦으면 미리 알려야 합니다. 약속한 사람을 기다리게 해서는 안 됩니다. 누구에게나 시간은 소중합니다. 내 시간이 소중한 만큼 남의 시간을 소중하게 여겨야 합니다. 약속 시간에 늦을 때 상대를 화나게 만드는 것은 늦었다는 사실보다 이유도 모른 채 무작정 기다리게 했다는 점입니다. 늦지 않는 것이 최선이지만 현대인의 삶에서 늦을 수도 있습니다. 늦는 이유는 내가 통제하기 어려운 경우가 많습니다. 하지만 늦는다고 알려주는 것은 나의 결정이며, 나의 책임입니다. 그래서 불가피하게 늦은 사람보다 무작정 기다리게 한 사람이 더 나쁜 평판을 얻는 것입니다.

온전히 자기 자신을 위한 직장 매너

위에 언급한 직장 매너 외에도 다양한 매너가 필요합니다. 직장 매너는 받아들이는 사람에 따라 가치판단이 달라지는 속성이 있지만 존중받고 싶어 하는 것은 인지상정입니다. 이 책에서 언급한 내용이 절대적인 기준일 수는 없으나 여러 사람이 공감하는 내용을 미리 알고 주의한다면 직장 생활에 큰 도움이 될 것입니다. 또한 직장 매너는 다른 사람을 위한 것이 아니라 온전히 자기 자신을 위한 것임을 다시금 강조하고 싶습니다. 이 책이 스스로 인지하지 못했던 나의 모습을 성찰하고, 이를 바탕으로 성장하는 데 도움이 되기를 바랍니다.

박해룡
스탠다드에너지 HR부문장(CHRO). LG(현 GS리테일)에서 직장 생활을 시작해 딜로이트 컨설팅에서 컨설턴트로 활동했다. LS산전(현 LS일렉트릭) 인사총괄 임원(상무/CHO)을 거쳐 한국액션러닝협회 회장, The HR 컨설팅 대표를 역임했다. 현재 ESS(Energy Storage System)용 배터리 전문 기업에서 HR부문을 맡고 있다. 저서로는 <직장생활, 나는 잘 하고 있을까?>, <나는 팀장이다>(공저) 등이 있다.

직장 매너 레벨 10 - 심화편

임원까지 생각하는 후배를 위한 어느 선배의 조언

신권식(삼성물산 패션부문 고문)

그토록 갈망하던 직장에 다니고 있는 후배 여러분, 환영 인사부터 전합니다. 지금은 잘 모르겠지만 세상 모든 가능성이 열려 있는 사회 초년생 시절인 그때가 인생 최고의 순간입니다. 내가 그리는 그림대로 삶을 펼쳐나갈 수 있는 시점이니까요. 그러나 선택의 자유 이면에는 사회 구성원의 모습을 갖춰야 한다는 전제가 깔려 있습니다. 더 철저히 준비해야 하고, 엄격한 제한이 따른다는 의미입니다. 학교를 졸업한 뒤 들어가고 싶은 회사에서 보내온 합격증을 받으면 그동안 보낸 힘든 시절이 주마등처럼 머릿속을 스치며 모든 준비가 끝난 것 같겠지만, 불행히도 현실은 그렇지 않습니다. 사회가 원하는 구성원의 모습을 갖추려면 이제부터 제대로 준비해야 합니다.

버려야 할 것은 학생증만이 아닙니다. 부모님께 무심코 내뱉는 짜증 섞인 말투, 친구들끼리 아무렇지 않게 주고받는 욕, 시도 때도 없이 남발하는 놀라운 함축성을 지닌 비속어까지, 발랄하게 즐기던 많은 것과 이별해야 합니다. 단번에 되지 않겠지만 회사에서 선배들의 싸늘한 눈초리를 느끼면 이런 문화와 이별하는 속도는 생각보다 빨라질 겁니다.

동기나 선배와 벌이는 눈치 게임은 점점 고차원으로 진화합니다. 일단 회사에 들어온 이상 레이스는 이미 시작됐습니다. 이 레이스는 대부분 공정하지만, 상황에 따라 억울한 희생자를 만들어내기도 합니다. 능력과 무관한 경우도 많습니다. 이런 희생을 조금이나마 줄일 수 있도록 고참 선배로서 몇 가지 조언을 하고 싶습니다.

생각과 많이 다른 새로운 생태계, 직장

저는 한 직장에서 30여 년을 보냈습니다. 처음 10여 년은 사원과 대리를 거치면서 많이 부딪히며 실무를 배웠고, 이후 10여 년은 간부로서 일을 계획하고 성과를 만드는 데 열중했습니다. 그리고 마지막 10여 년은 임원이 되어 부하를 이끌고 회사에 기여하기 위해 노력했습니다. 그 기간 동안 무한한 잠재력과 가능성을 가진 훌륭한 친구들이 아주 작은 실수나 의도치 않은 결례가 빌미가 되어 선배나 상사의 눈 밖에 나는 일도 더러 봤습니다. 결국 그 친구들은 주요 보직을 맡지 못해 회사를 그만두거나 자기를 몰라주는 회사를 원망하며 속앓이를 하느라 힘겹게 직장 생활을 이어갔습니다. 비단 제가 다니던 회사만의 상황이 아닙니다.

저에게도 처음이 있었습니다. 아직도 첫 출근을 하던 날이 또렷하게 기억납니다. 서울 숭례문 앞에 서면 바로 보이는 흰색 건물이 삼성본관입니다. 서초동 삼성전자 사옥과 구분해 태평로 삼성본관이라고 부릅니다. 저는 그 건물 7층에서 첫 직장 생활을 시작했습니다.

"여러분, 신입 사원 신권식 씨입니다. 오랜만에 입사한 신입 사원이니 잘 가르쳐주시고, 회사에 빨리 적응할 수 있도록 도와줍시다."
상사의 소개 후 자리를 배정받아 정리하던 중 팀장님과 차석쯤 되어 보이는 선배 두 분이 나누는 이야기가 들렸습니다.
"이거 오전 중에 다 돌려야 하는데 저 친구한테 시켜도 괜찮을까?"
"네, 배차실에 확인해 보니 차량이 한 대 남았답니다. 다행히 기사분도 저희랑 같이 많이 일해본 최 기사님이랍니다."
"그래? 그럼 저 친구 불러!"
어려운 일은 아니었습니다. 다음 날 신문에 실려야 할 회사 홍보자료를 각 언론사에 배포하는 단순 업무였으니까요. 대졸 공채 사원이 하기에 좀 허접한 일이라고 여겨질 정도였습니다. 앗, 그런데 얼마 못 가 저는 생각지 못한 갈등 상황에 놓이고 말았습니다. 선배의 지시대로 건물 뒤편 로비에 가니 제일모직 로고가 선명한 현대 스텔라 차량 한 대가 대기 중이었는데, 회사 차를 처음 접한 저로서는 어느 자리에 타야 할지 판단이 서지 않았던 거죠.
'음… 어디에 앉지? 앞자리? 뒷자리? 나는 대졸 공채 사원이고, 앞자리에 앉으면 기사님이 부담스러워할 수도 있으니…. 그냥 폼 나게 뒤에 앉자.'
"…누구시죠?"
"아, 안녕하세요? 최 기사님이시죠? 홍보팀에서 왔습니다."
"뭐? 야, 빨리 앞으로 안 튀어와. 건방진 놈 같으니라고! 내가 입사

몇 년 차인지 알아? 요새는 애들 교육도 안 시키고 내보내나, 원."
그 사건 이후 저는 기사들 사이에서 건방진 놈으로 통했고, 이후 최기사님 차만 보면 뒷걸음질을 쳐야 했습니다. 회사 선후배와 차량으로 이동할 때 암묵적으로 각자의 자리가 정해져 있다는 사실은 나중에 알게 됐습니다.

이야기가 나왔으니 우리나라 문화에서 제법 엄격한 의전 차량 탑승 시 서열을 짚고 넘어갑시다. 요즘 젊은이들은 택시를 타도 뒷자리 안쪽이 제일 상석인 줄 알고 술 취한 선배를 안쪽으로 밀어 넣는 경우가 종종 있다고 합니다. 이는 잘못 알고 있는 상식입니다. 여럿이 차량으로 이동할 때 뒷자리 안쪽은 가장 불편한 위치로 동행 중 제일 나이 어린 사람이 앉아야 합니다. 내리기 쉬운 오른쪽 자리가 상석입니다.

꼰대를 무시하지 마십시오

본론으로 들어가겠습니다. 저는 여러분이 한 공간에서 길게 대화하기 싫어하는 소위 '꼰대'입니다. 여러분의 아버지뻘 되는 나이죠. 꼰대를 정의하기는 쉽지 않지만 '확증편향에 빠져 배우기를 멈춘 사람'이라는 의견이 많습니다. 그동안 쌓은 지식으로 중무장해 새로운 문화와 정보를 받아들이기보다 본인의 황금기 기억으로 전투에 임하는 사람이라고 할 수 있습니다. 저도 다르지 않을 겁니다. 그런 제가 굳이 여러분에게 사회에 나갈 준비를 이야기하는 이유는 명확합니다. 여러분을 평가하는 먹이사슬의 가장 꼭대기에 있는 포식자(관리자)가 저와 비슷한 생각과 눈높이를 가진 사람일 확률이 상당히 높다는 불행한 사실을 알려드리고 싶기 때문입니다.

사회의 진입로에는 여러 감시의 눈이 있습니다. 그 눈은 온갖 선입견과 편견으로 가득 차 여러분과 말 한 마디 섞지 않고 첫인상만으로 어떤 사람이라 단정 짓고, 일방적으로 평가합니다. 숱하게 사람을 겪으며 쌓은 경험과 지식이 그들의 판단 척도입니다. 비약적이라고 할 수도 있지만 그게 우리 사회의 '눈'입니다. 그 눈은 상당히 보수적이고 보편적이지만 막 사회에 진출한 여러분이 그 원리를 깨닫기는 어렵습니다. 연륜과 경험이 쌓여야 알 수 있는 것들이죠. 일방적이라 생각하겠지만 알다시피 사회에서 항상 공정과 정의가 이기는 것은 아니지 않습니까? 여러분은 이제 도저히 피할 수 없는 닫힌 공간에서 꼰대들과 함께 생활해야 합니다. 꼰대냐 아니냐를 가르는 기준이 꼭 나이만도 아닙니다. 젊은 꼰대도 많습니다. 도약대에서 힘차게 뛰어오른 여러분은 이제 직장이라는 새로운 생태계에 들어왔고, 여러분을 평가하는 것은 그 사람들입니다.

첫째, 외모를 가꾸십시오

나는 평가받을 준비가 되었는가? 일단 일어나 가장 큰 거울 앞에 서서 머리부터 발끝까지 한번 뜯어보십시오. 괜찮은가요? 보디 프로필을 찍고 싶은 몸매는 아니더라도 볼썽사납게 튀어나온 배가 거슬리거나 부모님께 들킬까 걱정스러운 커다란 문신이 있다면 당신은 회사에서 이미 50점 정도 감점입니다. 거울 속 그 생명체는 조직 내 최고참 꼰대의 눈 밖에 날 확률이 높습니다.

배 나온 사원에 대한 일화가 하나 있습니다. 대한민국에서 수위를 다툴 만큼 큰 회사 중 한 곳에서 실제로 있었던 일입니다. 구체적으로 밝힐 수는 없지만 그 회사 가장 높은 분의 판단 기준 중 하나는 배 나온 비만형 사원을 싫어한다는 사실이었습니다. 심지어 비만형 사원을 보면 대놓고 야단을 칠 정도였으니까요.
배 나온 남자를 보면 연상되는 수식어가 뭘까요? 게으른, 식탐이 많은, 참을성 없는, 자기 관리 못하는 등등 부정적인 표현부터 떠오릅니다. 먹는 즐거움을 포기할 수 없다면 운동의 기쁨도 함께 찾기를 바랍니다.
'머레이비언의 법칙'이라는 심리 현상을 설명하는 용어가 있습니다. 캘리포니아대학교(UCLA) 교수 앨버트 머레이비언이 <사일런트 메시지(Silent Messages)>(1971)라는 책에서 처음으로 제시한 법칙인데, 한 사람이 상대방으로부터 받는 이미지는 시각이 55%, 청각이 38%, 말의 내용이 7%라는 내용입니다. 즉, 당신의 이미지를 만드는 데 용모와 음색이 93%를 차지한다는 거죠. 그러니 꼰대에게 이미 50점 이상을 날린 당신이 아무리 참신한 아이디어를 제안하고 달콤한 찬사를 늘어놓아도 그분들이 여러분 말에 귀를 기울여 좋은 평가를 내리기는 어렵습니다.

후줄근하게 하고 다니지 마십시오

제가 명품 찬양론자는 아닙니다. 하지만 국내 굴지의 중소기업을 경영하는 제 친구의 사례를 통해 명품과 클래식에 대해 한 번 더 생각해 보기를 바랍니다.
아르바이트를 해가며 용돈을 모으던 대학생 시절, 경제적으로 그다지 넉넉하지 않던 친구가 백화점으로 지갑을 사러 간다고 하기에 따라나선 적이 있습니다. 루이 비통 매장이었던 것으로 기억합니다. 그때 친구가 산 지갑의 값은 학생이 지불하기에는 너무 큰 금액이었습니다. 게다가 '짝퉁'이 판치던 시절에 굳이 진짜 명품을 백화점에서 제값 다 주고 사는 친구를 이해하기 어려웠습니다. 친구는 이후 그 지갑에 차곡차곡 돈을 모았고, 지금도 그 지갑을 쓰고 있습니다. 지갑 수선을 맡기러 매장에 가면 직원들이 역사적인 제품이니 기증하면 더 좋은 신제품으로 교환해 준다 해도 친구는 절대 지갑을 바꾸지 않았습니다. 그 반면 저는 지난 30여 년 동안 최소 열 번은 지갑을 새로 샀습니다. 지갑을 사는 데 들인 돈보다 고르는 데 들인 시간이 더 아까운 자산이었을 수도 있습니다.

판단은 여러분의 몫이지만 수시로 새 물건을 쇼핑하는 즐거움과 처음 구매할 때 당대 최고급 제품을 사고 나머지 시간은 자신의 성장에 투자하는 것, 둘 중 하나를 선택해야 합니다. 아울러 계산대 앞에서 볼품없는 지갑을 옹색하게 꺼내는 일도 없기를 바랍니다. 스스로 자기를 존중하지 않으면 돈도 주인을 무시합니다.

신입 사원 배치를 받던 날 인사부장의 훈시가 있었습니다.

"여러분은 삼성 공채 사원입니다. 절대 싸구려로 몸을 치장하지 마십시오. 첫 달 월급을 다 투자해서라도 잘 만든 양복과 벨트, 구두를 사서 제대로 갖춰야 합니다. 제아무리 능력 있다고 자부하더라도 누추한 차림새로 좋은 대우를 기대해서는 안 됩니다. 이미 여러분은 회사와 사회의 평가 대상입니다."

남자라면 블랙과 네이비, 차콜 그레이 이 세 가지 컬러의 슈트는 꼭 좋은 것으로 장만하십시오. 직장인에게 옷은 일종의 갑옷(armor)입니다. 갑옷 아래는(under armor) 실용적인 걸 사더라도 당신을 사회에 출전시킬 갑옷이 후줄근해서는 안 됩니다. 싸구려를 비싸 보이게 하는 유일한 방법은 당신 스스로 광채가 나서 나머지 요소는 별로 중요하지 않게 인식하도록 하는 길밖에 없습니다. 그만한 능력을 갖추지 못했다면 외모를 가꾸십시오.

옷은 허기질 때 가서 최대한 몸에 꼭 맞는 것을 사십시오. 몸매를 감추기 위해 펑퍼짐한 옷을 입는 것만큼 허술해 보이는 일도 없습니다. 또 양복 주머니에 잡동사니를 넣지 마십시오. 이동할 때는 가방을 들고 다니세요. 옷이 갑옷이라면 명함 수첩, 필기도구, 가글제, 태블릿 PC 등은 무기입니다. 그리고 이런 무기가 많아야 자투리 시간도 유용하게 활용할 수 있습니다. 휴대폰으로 메신지만 주고받다가 문득 떠오른 아이디어를 기록할 기회를 놓치고, 갑자기 회의가 잡히는 바람에 당황해서 소지품을 다 두고 갈 수도 있습니다. 필요한 물건을 찾으려고 호주머니를 뒤지는 모습은 누가 봐도 허술해 보입니다. 좀 더 신경을 쓴다면 만년필이나 안경, 선글라스, 메모지 등 소품도 꼼꼼히 챙기십시오. 그만큼 센스 있는 사람으로 거듭날 수 있습니다.

목소리를 다듬으십시오

외모 외에 목소리도 신경 쓸 필요가 있습니다. 어떤 회의는 목소리만 들립니다. 당신의 이미지를 만드는 평가 항목 100점 중 38점이라는 엄청난 비중을 차지하는 음성과 어투가 좀 더 세련되고 진중한 인상을 준다면 이미지도 업그레이드됩니다. 말은 절대 얼버무리지 마십시오. 내용을 빨리 전하고 싶은 마음에 마치 유치원생 아이처럼 이야기하는 신입 사원이 있었습니다.

"제가 이번 보고서를 하느라고 했는데…, 집안에 일이 생긴 데다 작은 교통사고까지 겹쳐서 무척 힘들었거든요. 그래도 열심히 한다고 했는데, 웅얼웅얼…. 다소 부족하더라도, 중얼중얼…."
앞으로 이 사람에게 중요한 보고서를 작성하라는 지시는 하지 않을 확률이 높아지는 순간입니다. 최고참들이 제일 싫어하는 유형은 아마도 무슨 내용인지도 모르면서 열심히 말하는 청년일 것입니다.
더 치명적인 것은 욕입니다. 요즘은 유튜브에서 찰지게 욕하는 사람이 인기를 끄는 일도 있지만, 그래도 욕은 입에 담는 사람의 이미지를 단숨에 깎아내리는 지름길입니다. 얼마 전에 넷플릭스에서 모 드라마를 보다가 학생들이 저렇게 욕을 해도 되나 싶었는데, 요즘 실제 학교 분위기가 그렇다고 하더군요. 습관은 무섭습니다. 만약 여러분이 동기들과 아주 자유로운 분위기에서 토론을 하고 있다고 칩시다. 워낙 편한 동기들인 데다 대화 주제도 가벼워서 갑갑한 사무실에서 그동안 못 하던 이야기를 스스럼없이 나누다 보면 자신도 모르게 대화 중에 욕설을 내뱉을 수 있습니다. 그러나 회사에는 사방에 귀가 있습니다. 탕비실이든 화장실이든 눈에 보이지 않는 곳에 상사가 있을 수 있습니다. 회사에 안전지대는 없습니다. 직장에서 '대나무 숲'을 기대하지 말아야 합니다.

'좌빵 우물'을 기억하세요

지금까지 한 이야기 중에 가장 중요한 내용입니다. '좌빵 우물'을 모르면 다른 사람을 당황스럽게 하고, 굉장히 한심한 사람으로 오래도록 기억에 남을 수 있기 때문입니다.
여러분은 앞으로 수많은 행사에 초대받아 참석하게 될 것입니다. 큰 행사는 대부분 호텔의 제일 큰 연회장에서 열리고 보통 8명 정도가 한 테이블에서 식사를 합니다. 좌석마다 이름표가 올려져 있고 크리스털 잔과 빛나는 은색 나이프, 포크 등 커틀러리가 세팅되어 있습니다. 보통 대기업에 입사하면 연수원에서 이런 테이블 매너를 가르쳐주고 실제로 실습도 하지만, 이런 기회를 갖지 못했다면 더더욱 미리 알아두어야 합니다.

먼저 물과 식전 빵이 나옵니다. 이때 기억해야 할 사항은 빵은 왼쪽 것이 내 것이고, 물은 오른쪽 것이 내 것이라는 사실입니다. 그래서 '좌빵 우물'입니다. 테이블 매너를 몰라 누가 자기 오른쪽 빵을 먼저 먹는다면, 그 테이블에 앉은 사람들은 모두 우왕좌왕하게 됩니다. 지적을 받는다면 그나마 다행이지만 속으로 타박은 해도 입 밖에 내서 가르쳐주는 사람은 없을 겁니다. 아주 유명한 기업체 부사장도 이런 실수를 하는 장면을 본 적 있는데 주변의 시선이 고울 리 없습니다.

이 외에도 사회생활을 하면서 반드시 알아둬야 할 매너는 바로바로 익히십시오. 당신을 더 빛나게 해줄 자산입니다. 일본인 바이어와 미팅을 한다면 절대 당신의 젓가락으로 음식을 집어주는 실례를 범하지 말고 인사할 때, 이메일 보낼 때, 문상에 대한 답례의 글을 쓸 때도 좋은 인상을 주는 바람직한 예절을 몸에 익히십시오. 좋은 매너가 당신을 좋은 길로 인도한다는 사실을 잊어서는 안 됩니다.

신권식
삼성물산 패션부문 전무를 지냈으며 지금은 고문으로 활동 중이다. 이건희 전 삼성그룹 회장이 참석하는 행사에서 사회를 봤고 2002년 삼성홍보인대상을 받기도 했다. 1988년 평사원으로 입사해 임원 자리에 오르기까지 깨달은 것 중 하나가 태도와 직장 매너의 중요성이다. 한 언론사의 신입 기자 연수 프로그램에 강사로 참여해 직장 매너 중 하나인 '좌빵 우물'을 주제로 강연도 진행했는데 지금도 그때 강연이 인상 깊었다는 말을 종종 듣는다.

이미지메이킹,
신중하고 프로다워 보이고 싶다면
신경 써야 할 복장 매너

+ info '설문조사로 알아보는 상사의 생각'은 한경무크가 직접 3년 차 이상 10년 차 이하 직장인 1000명을 대상으로 조사한 결과다.

[용모&복장]

Question List

출근할 때 청바지 입어도 되나요? 42

회사에서 헤어롤러를 만 채 일하면 안되나요? 44

미팅이 있을 때는 무슨 옷을 입어야 하나요? 46

사무실에서 향수 뿌려도 되나요? 48

[용모&복장]

01 출근할 때 청바지 입어도 되나요?

Q. 자율복장제, 과연 얼마나 자유롭게 입어도 되는 걸까요?
우리 회사에는 사내 복장 규정이 없습니다. 그럼 출근할 때 청바지나 트레이닝복을 입어도 괜찮을까요?

A. 사내 분위기에 따라 다르므로 주변 동료들을 잘 관찰해 보세요.
자율복장제라 해도 면바지에 재킷을 갖춰 입는 곳이 있고, 민소매 옷에 슬리퍼를 신어도 이상해 보이지 않는 곳도 있어요. 적당한 대안은 주변 동료들을 보고 비슷하게 맞춰 입는 거예요. 직원들의 옷차림을 잘 관찰해 보세요.

> **복장은 무언의 메시지**
> 복장은 퍼포먼스 의지를 나타내는 수단 중 하나다. 핼로윈을 즐기는 방법으로 코스튬 의상을 입는 것처럼 말이다. 회사와 잘 어울리려는 의지를 보이고 싶다면 기업이 추구하는 이미지에 맞춰 복장을 선택하는 것이 유리하다.
>
> **TPO에 알맞은 복장으로 상사·동료에게 신뢰감을 주어라**
> 사내 규정에 자율복장제로 명시되어 있더라도 보수적인 기

업이라면 청바지를 입기보다 노타이셔츠에 면바지를 입고, 창의성을 중시하는 스타트업이라면 개성을 살린 옷차림으로 자신을 한껏 표현하면 될 것이다. 갓 입사한 당신을 잘 모르는 동료들이 낯선 당신에게 불안감이 아닌 안정감을 느낄 수 있도록 신뢰감이 드는 복장을 갖춰 입는 것이 포인트다.

첫 출근자를 위한 자율 복장 가이드
출근 첫날에는 단정한 인상을 주는 옷차림을 선택하자. 잘 모르겠다면 상의는 흰색 셔츠, 하의는 검정색 슬랙스를 입는 일명 '모나미 룩'이 가장 무난하다. 신발은 굽이 낮은 구두나 로퍼, 흰색 스니커즈 정도가 적당하다.

한번 각인된 첫 이미지는 쉽게 바뀌지 않는다
동료들은 당신에게 처음 느낀 이미지로 전반적인 인상을 형성한다. 미국의 심리학자 A. S. 루친스(A. S. Luchins)는 처음 입력된 정보로 인상이 형성되면 우리의 뇌는 그다음 정보에 비교적 주의를 기울이지 않는다고 했다.

상사의 속마음: 회사에 출근할 때는 무조건 정장이지. 요즈음 젊은 사람들은 옷차림이 지나치게 자유로워.

[용모&복장]

02 회사에서 헤어롤러를 만 채 일하면 안 되나요?

Q. 회사에서 헤어롤러를 만 채 일하는 건 눈치 없는 행동일까요?
집에서 정성껏 매만지고 나와도 정신없이 출근하다 보면 앞머리가 흐트러집니다. 그래서 요즘 회사에서 헤어롤러를 만 채 일하는데, 눈총이 따갑네요.

A. 네, 사무실에서 사적인 행동은 피하는 것이 좋습니다.
길거리에서도 헤어롤러를 만 채 다니는 게 요즘 풍토라지만, 이런 태도는 조직의 관점에 따라 저평가 대상이 됩니다. 일할 준비가 덜 된 사람으로 보이는 게 득이 될 리 없지 않을까요.

사무실에서 마스크팩을 붙인채 일하는 것과 같다
MZ세대 중에 '사무실에서 마스크팩은 하지 않지만 헤어롤러를 마는 것은 괜찮다'고 하는 의견이 있다. 하지만 모두 같은 맥락이다. 손톱을 깎거나 화장을 고치는 모습도 딱히 좋아 보일 리 없다. 회사는 일하는 곳인데 탕비실에서 칫솔질을 하는 직장인의 행동이 온라인 커뮤니티에서 회자되기도 했다. 굳이 논란이 될 만한 행동을 해서 긁어 부스럼을 만들 이유가 없다. 회사는 일하는 곳이란 사실을 잊지 말자.

조직 생활에 알맞은 제스처 취하기

이어폰을 꽂은 채 하는 경우도 있다. 하지만 누군가 이어폰이나 귀마개를 꽂은 채 일하는 당신을 본다면, 집중하고 싶으니 방해하지 말라는 무언의 의사 표시라고 생각할 수 있다. 또는 자기만의 공간에서 집중하겠다는 의미로 받아들일 것이다. 그 사람은 당신에게 말을 걸기를 주저할 테고 자연히 소통은 단절된다.

사내 문화는 CASE BY CASE

일반 기업의 사무 직원이 아니라 IT업계 개발자라면 이야기가 달라진다. 이들은 완벽한 코드를 짜기 위해 외부 소음을 차단하기 때문에 이어폰이 필수다. 노이즈 캔슬링 기능을 갖춘 이어폰을 끼고 작업하는 과정이 익숙한 것이다. 만일 그들에게 말을 걸고 싶다면 어깨를 두드리는 것보다 메신저를 보내는 편이 현명하다.

◌ 설문조사로 알아보는 상사의 생각

헤어롤러를 만 채 일하는 후배를 보고 드는 생각은?

사무실에서 헤어롤러를 만 채 일하는 후배를 곱지 않게 보는 시선은 전체의 41% 정도다.

그러거나 말거나 아무 생각 안 한다
38.7%

남의 눈치 보지 않는 당신, 멋지다!
17.9%

기타
1.8%

저건 좀 아니라고 생각한다. 또는 경악한다
41.6%

[용모&복장]

03 미팅이 있을 때는 무슨 옷을 입어야 하나요?

Q. 미팅이 있을 때 샌들 신어도 되나요?
얼마 전 새로 산 샌들을 신고 싶은데 외부 미팅을 나갈 때 신어도 괜찮을까요? 회사 밖이니까 좀 더 자유롭게 입어도 될 것 같은 생각이 듭니다.

A. 네, 하지만 프로다워 보이려면 격식을 갖춰 입어야 해요.
거래처가 IT, 게임 업계 등 비교적 자유로운 복장을 입는 기업이라면 분위기에 따라 자유롭게 입기도 합니다. 하지만 비즈니스 미팅에서 프로다워 보이려면 포멀한 옷차림이 좋습니다.

중요한 날 입을 정장 마련하기
비즈니스 미팅이나 면접, 중요한 임원들과 만나는 자리에서는 평소보다 잘 차려입는 것이 매너다. 특히 비즈니스 미팅에서 당신의 옷차림과 에티튜드가 곧 회사의 이미지다. 자신과 회사 모두 긍정적인 인상을 심어주고 싶다면 잘 갖춰 입는 것이 중요하다. 마찬가지로 지나치게 멋을 부리고 미팅에 참석한다면 자칫 사회생활을 얼마 하지 않은 미숙한 새내기로 보일 수 있다.

남자를 위한 슈트의 정석

깃이 있는 솔리드 셔츠는 포멀한 비즈니스 룩을 위해 꼭 필요하다. 단추를 모두 잠갔을 때 셔츠 목둘레 사이로 손가락 하나가 들어가는 사이즈가 적당하다. 재킷은 어깨선이 처지지 않고 어깨 끝점에 꼭 맞아야 한다. 소매는 손등을 덮지 않고 셔츠보다 짧아 셔츠 소매가 1cm 정도 보이는 것이 적당하다. 슈트 팬츠는 엉덩이에서 발목까지 자연스럽게 점차 가늘어지는 핏이 요즘 트렌드. 바지 뒷주머니에 지갑, 펜 등을 넣어 라인이 흐트러지게 하지 않는 것이 기본적인 패션 센스다. 정장을 입을 땐 발목 위로 충분히 올라오는 양말을 신고 벨트를 매는 것이 정석이다.

여자를 위한 드레스 업의 정석

임원급이 참석하는 미팅이라면 재킷에 짧지 않은 치마나 바지 정장이 상대를 예우하는 인상을 준다. 실무자 미팅이라도 친구 만나러 가듯 후드티에 청바지 스타일은 위험하다. 간혹 복장을 보고 '저 사람이 나를 무시하나' 하고 생각하는 사람도 있으므로 미팅에 참석할 때는 분명히 신경 써야 한다. 신발도 중요한데, 굽 높이가 적당한 구두가 조화롭지만 요즘은 정장에 패셔너블한 스니커즈를 매치해도 센스 있어 보이므로 취향에 따라 선택할 문제. 액세서리나 네일아트 등의 치장도 과하지 않은 편이 낫다. 클럽에서 정장이 환영받지 못하는 이치와 같으니 너무 반감은 갖지 말자. 펌프스를 신는다면 5~7cm로 굽이 적당히 높은 편이 좀 더 긴장감을 줄 수 있다.

[용모 & 복장]

04 사무실에서 향수를 뿌리는 것, 실례일까요?

Q. 사무실에서 향수를 뿌리면 안 되나요?
저녁 약속이 있어 향수를 살짝 뿌렸는데, 대리님이 지나가시며 이건 무슨 냄새냐고 큰 소리로 혼잣말을 하셨어요. 향이 좋다는 뜻인지, 나쁘다는 뜻인지 모르겠습니다.

A. 코를 찌를 정도의 진한 향기만 아니라면 괜찮습니다.
향이 강한 향수가 아니라면 괜찮아요. 하지만 개인의 취향에 따라 호불호가 갈리기 때문에 조심하는 편이 좋아요. 내게는 향기로운 향이 누군가에겐 참기 힘든 냄새일 수 있거든요.

> ### 진한 향수는 NO
> 좋은 향기를 풍기는 것만으로 호감을 살 수 있다는 것은 모두가 아는 사실이다. 하지만 민감한 사람들은 향이 진하지 않은 향수 냄새에도 심한 두통을 호소할 수 있다. 내 옆자리 동료가 섬세하고 민감한 사람이라면 옅은 향수 냄새에도 예민하게 반응할 확률이 높으므로 주변 동료의 반응을 살펴보자. 또 외부 행사나 미팅 등이 잡혀 있을 때 자신도 모르게 향수를 진하게 뿌릴 수 있으니 주의할 것.

○○○　**냄새 매너**

① **여름철 뙤약볕 아래 흐르는 땀 냄새**
뜨거운 태양 아래 수시로 흐르는 땀은 어쩔 수 없지만 하루에 한 번 이상 샤워해 청결을 유지하자. 특히 귓바퀴 뒤쪽과 목뒤는 신경 쓰지 않으면 제대로 닦이지 않으므로 주의해야 한다. 이 부위는 피지샘이 많아 자칫 불쾌한 냄새를 유발할 수 있으므로 꼼꼼히 닦아야 한다.

② **책상 아래에서 풍기는 고약한 발 냄새**
샌들이나 슬리퍼를 신고 출근할 수 없다면 양말에 구두나 운동화를 신고 하루를 보내게 된다. 이런 환경에서 혹사당한 발은 세균이 번식해 불쾌한 냄새가 나기 십상. 자칫 회식 자리에서 신발을 벗는 순간 서로 민망한 상황이 벌어질 수 있다.

③ **믹스커피와 담배의 조합이 만들어내는 역한 입 냄새**
식사 이후 커피 또는 흡연을 즐기는 사람이라면 심한 구취가 날 수 있다. 이럴 경우 양치를 하거나 가글제를 챙겨 다니며 수시로 입안을 헹구는 센스가 필요하다. 사무실에서 갑자기 트림이 나온다면 반드시 입을 가리고 조용히 하는 것도 잊지 말자.

④ **바싹 마르지 않은 세탁물 냄새**
빨래를 제대로 말리지 않았을 때, 불쾌한 냄새가 나는 경우가 있다. 그런데 본인만 몰라 주변에 피해를 줄 수도 있다. 옷은 세탁 후 완전히 말려 입는 것이 좋다. 화장실에서 시원하게 용변을 본 후 나는 불쾌한 냄새에도 신경을 써야 한다. 향수를 뿌리는 것보다 중요한 건 청결을 유지하는 일이다.

일하는 능력이 조금 부족해도,
누구나 나를 좋아하게 만드는
직장인의 태도

[인사 & 호칭]

Question List

인사는 언제, 어떻게 해야 하나요? 52

비슷한 또래의 사원에게 OO씨, OO님? 56

'언니'라고 부르면 안 되는 이유 57

김철수 부장님, 김 부장님, 철수 부장님? 58

상사의 성함이나 직급이 기억나지 않을 땐 어쩌죠? 60

[인사 & 호칭]

05 인사는 언제, 어떻게 해야 하나요?

Q. 소리를 내지 않고 하는 가벼운 목례는 예의 없어 보이나요?

며칠 전, 요즘 젊은 사람들은 인사도 제대로 안 한다는 부장님의 혼잣말을 들었어요. 전 주로 목례를 하는데, 저에게 하는 말 같아 눈치가 보입니다.

A. 인사도 상황에 따라 달라요. 상대를 하루 중 처음 마주쳤다면 에너지를 담아 밝게 소리 내어 인사하는 건 어떨까요?

애써 호감이 있는 것처럼 꾸미기보다 정중한 태도로 자연스럽게 하면 됩니다. 상대와 눈을 마주치고 인사해 보세요. 웃으면서 밝게 인사하는 것도 좋고요.

인사는 기본 중의 기본

인사는 서로의 안녕을 묻는 행위다. 신경 써서 상대와 눈을 마주치고 웃으며 하는 인사는 직장에서 가장 다정하고 정감 있게 주고받을 수 있는 행동이기도 하다. 상대와 내가 모두 기분 좋게 하루를 시작할 수 있도록 아침 첫 인사는 활기차게 하는 것이 좋다. 평소보다 목소리 톤을 반 톤 높여 인사하자. 누구도 그런 인사를 마다하지 않을 것이다.

상대와 눈을 마주치고 인사하기

머레이비언의 법칙, 상대와 대화 시 언어로 점수를 얻는 경우는 고작 7%에 불과하다는 점을 잊지 말자. 언어보다 비언어적 태도가 더 큰 영향을 주고, 그 가운데 눈을 마주치는 행위는 상대에 대한 관심을 표현하는 데 탁월한 제스처다. 그러나 생각보다 눈을 마주보고 인사하는 사람은 많지 않다. 그러므로 상대와 눈을 마주치고 웃으며 인사한다면 서글서글한 인상으로 호감을 줄 수 있다. 자연스러우면서도 당당한 태도로 인사를 건네보자.

또렷한 목소리와 밝은 표정

표정과 목소리 톤, 눈빛이 마음의 상태를 알려준다. 말은 안녕하다고 하는데 표정은 안녕하지 않아 보이거나, 말로는 웃기다고 하면서 웃지 않는 등 말과 표정이 다른 경우 어색하다. 밝은 표정과 또렷한 목소리로 안녕을 묻자. 하지만 잊지 말자. 억지로 호감을 꾸미는 것은 금물이다.

♡ 설문조사로 알아보는 상사의 생각
퇴근하려는데 내가 자리에 없을 때, 바람직한 후배의 행동은?

예상 외로 선배들이 퇴근에는 쿨한 편. 단 일은 잘 마무리하고 가야 한다는 조건이 붙는다.

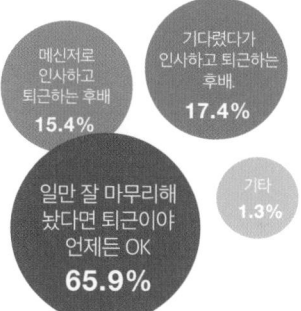

메신저로 인사하고 퇴근하는 후배 15.4%

기다렸다가 인사하고 퇴근하는 후배 17.4%

일만 잘 마무리해놨다면 퇴근이야 언제든 OK 65.9%

기타 1.3%

[인사를 해야 하나 말아야 하나 고민될 때]

'인사를 해, 말아? 어떻게 하지?'
애매한 상황을 헤쳐나갈 인사의 센스.

> **출근했는데 상사가 자리에 없다.**
> 상사가 출근하면
> 눈을 마주치며 인사한다.

> **퇴근하려는데 상사가 자리에 없다.**
> 할 일을 마쳤다면
> 눈치 보지 않고 퇴근한다.
> 메신저로 알려주는
> 센스를 발휘하면 더 좋다.

> **다른 사원과 있는데 상사를 만났다.**
> 하급자를 상급자에게
> 소개하는 것이 매너이므로
> 자신과 함께 있던 사원을
> 상사에게 인사시키면 된다.
> 굳이 쫓아가서 소개하지
> 않아도 되므로 상황에 따라
> 자연스럽게 행동하자.

> **화장실, 헬스장 등 어색한 장소에서 상사를 마주쳤다.**
> 일부러 알은체하며
> 인사할 필요는 없다.
> 눈이 마주친 경우
> 가볍게 목례를 하거나
> 살짝 미소를 띤다.

❝ **상사가 나를 보지 못하고 지나간다.**
상사가 바쁘게 가고 있거나 함께 있는 사람과 이야기를 하는 중이라면 굳이 다가가 인사할 필요는 없다.
지나친 행동은 상대방을 난처하게 할 수 있다는 점을 알아두자.

❝ **조금 전 인사를 나눴는데 복도에서 다시 마주쳤다.**
밝은 표정으로 눈을 마주치거나 가벼운 목례로 상대의 존재를 인지하고 있다는 것을 알린다.

❝ **퇴근하려는데 상사가 자리에 남아 있다.**
자리로 가 인사한 후 퇴근한다.

적당한 인사말은?
"먼저 퇴근하겠습니다."
"내일 뵙겠습니다."
"먼저 가보겠습니다."

❝ **복도에서 잘 모르는 사이지만 낯익은 사람을 마주쳤다.**
다른 부서 직원인지, 외부 사람인지, 임원인지 모를 때에는 우선 먼저 인사한다. 상대가 나를 몰라 당황하는 건 아닌지 고민할 필요는 없다.
인사는 모두에게 반가운 것이니!

이런 일도 있었대요! 한 온라인 커뮤니티에서 '신입 사원이 퇴근하며 하는 안녕히 계세요라는 인사가 불편하다'는 입장과 '불편하면 끈대다'라는 입장이 부딪쳐 논란이 된 적이 있다. 불편하다는 사람들은 안녕히 계시라는 말이 집에 가지 말고 계속 남아 있으라는 뜻으로 들린다고 주장했다. 직장 생활은 역시 쉽지 않다.

[인사 & 호칭]

06 비슷한 또래의 사원에게 OO씨, OO님?

Q. 옆 부서에 저와 비슷한 또래의 사원이 있어요. 그분의 호칭을 뭐라고 해야 할까요?
직급은 없는 사원인데, 저보다는 일찍 입사해 선배입니다. 그런데 나이는 저보다 어려요. 그분을 뭐라고 불러야 하나요?

A. 사내 문화에 따라 다르니 먼저 물어보고 알맞은 호칭으로 불러요.
'OO씨', 'OO님'이라고 칭하거나 '선배'라 부르기도 해요. 나이와 상관없이 상대에게 예의를 갖춰 행동하는 것이 성숙한 사람의 태도겠죠.

> **알맞은 호칭 물어보기**
> 판단이 잘 서지 않는 경우에는 당사자에게 "제가 어떻게 부르면 될까요?"라고 먼저 물어보자. 직접 묻기 어색하면 다른 선배에게 물어봐달라고 부탁하는 방법도 있다.
>
> **연장자에게 'OO씨'는 실례**
> 직급이 없더라도 'OO씨'라고 부르는 것은 주의해야 한다. 국립국어원에 따르면 'OO씨'는 다수의 독자를 대상으로 하는 글이 아닌 한 윗사람에게는 쓰기 어려운 말이라고 한다.

[인사 & 호칭]

07 '언니'라고 부르면 안 되는 이유

Q. 친한 선배인데 언니라고 부르면 안 되나요?
주말에도 함께 시간을 보낼 만큼 친하게 지내는 선배가 있습니다. 무의식적으로 언니라고 불렀다가 팀장님에게 한 소리 들었어요.

A. 공과 사를 구분해 회사 안에서는 올바른 호칭을 사용하세요.
서로 친밀한 관계인 건 이해하지만, 적어도 회사 내에서는 회사 규정에 맞는 호칭으로 불러야 합니다.

어리숙한 인상을 주는 '언니'라는 호칭
직장에서 '언니', '형님' 등의 호칭을 사용하는 사람이 있다. 친하다고 '야' 혹은 '너'라고 부르며 친분을 과시하는 경우도 있다. 친한 건 친한 거고 사내에서는 올바른 호칭을 쓰는 것이 당신을 좀 더 프로다워 보이도록 만든다.

동료와는 적당한 거리를 유지하자
'상호허겁(相互虛怯)'. 서로에게 예의를 갖추며 적당히 두려워하는 상태가 평화를 유지하게 만든다는 뜻이다. 직장에서는 공적인 거리를 지키는 것이 중요하다.

[인사 & 호칭]

08 김철수 부장님, 김 부장님, 철수 부장님?

Q. 상사를 어떻게 불러야 할지 모르겠어요.
성에 직함을 붙여 불러야 하는지, 이름에 직함을 붙여 불러야 하는지, 직함만 불러야 하는지 헷갈립니다.

A. 성에 직함을 붙여 부릅니다.
'김 부장님'이라고 부르는 것이 일반적이나 '김철수 부장님'이라고 이름 전체와 직급을 붙여 부르면 상대를 좀 더 존중하는 뉘앙스를 줄 수 있어요. 간혹 지나치게 격식을 차리면 융통성 없어 보이기도 하므로 적절히 사용하면 됩니다.

'김 부장님' 혹은 '김철수 부장님'
이따금 상사에게 친근함을 드러내기 위해 성을 떼고 이름과 직함으로 부르기도 한다. 하지만 성을 붙이지 않고 '철수 부장님' 등으로 부르는 것이 예의에 어긋난다는 의견도 있으므로 평소 서로 얼마나 친한지 생각해 보고 판단할 것.

'님' 자를 빼야 하는 상황
부장에게 대리의 부재를 보고할 때, "이 대리님, 외근 나가셨습니다"라고 하지 않고 "이 대리, 외근 나갔습니다"라고 말하는 것을 압존법이라고 한다. 높여야 할 대상이지만 듣는이가 더 높을 때 주체를 높이지 않는 어법이다. 군대에서 주로 사용했다는데, 다소 익숙하지 않은 화법이지만 일반적으로 임원급 앞에서는 지키는 것이 현명하다.

압존법을 지키는 문화라면
회사 분위기가 압존법을 지키는 문화라고 해도 연차가 낮은 사원이 상사를 낮춰 부르는 것은 웬만큼 연습하지 않고서야 내뱉기 어려운 어투다. 이때는 '님' 자를 빼고 '께'를 붙여 "이 팀장께서 지시한 내용입니다"라고 말하는 방법도 있다.

호칭을 주의해야 하는 상황
상사에 대한 존칭은 호칭에만 붙여야 한다. 예컨대 '사장님실'이 아니라 '사장실'이 맞다. 문서에는 상사의 존칭을 생략한다. 마지막으로 상급자에게 보고할 때 당사자가 배석해 있다면 존칭을 쓰는 것이 맞다.

⊕ PLUS TIP

나이와 상관없이 상호 존중하기
최근에는 기업들이 연령과 상관없이 능력에 따른 인사를 많이 단행한다. 취업 플랫폼 '사람인'이 '연하 리더와 연상 부하'와 관련해 설문조사를 한 결과 '연하 상사 모시기'가 더 곤혹스럽다는 응답이 54.4%로 절반 이상이었다. '어린데 권위적으로 행동해서'(49.5%)가 가장 큰 이유. 자신보다 나이가 많건 적건 상관없이 서로 존중하는 문화가 필요하다. 상대가 상사여서, 나이가 많아서 존중하고 배려하는 것이 아니라 같이 일하는 동료 누구에게나 그렇게 해야 한다.

[인사 & 호칭]

09 상사의 성함이나 직급이 기억나지 않을 땐 어쩌죠?

Q. 상사를 불러야 하는데 성함이 기억나지 않네요.

낯익은 얼굴의 상사와 로비에서 마주쳐서 말을 건네는데 순간적으로 그 상사의 이름과 직급이 기억나지 않더라고요. 가볍게 목례를 하고 넘겼는데, 앞으로도 이런 일이 일어나면 어쩌죠?

A. 자연스럽게 대화를 시작해도 괜찮습니다. 단, 다음에 만날 때 기억하고 있으면 좋겠죠.

호칭을 쓰지 않고 자연스럽게 대화를 이어가세요. 묻는 말에 대답만 해도 충분합니다. 잘 모르면서 괜히 아는 척, 친근한 척 말을 걸다가 실수하면 그때야말로 크나큰 결례죠.

이름과 직함을 기억하는 의미

규모가 큰 기업일수록 상사를 비롯해 직원의 이름을 모두 알기는 어려운 일이다. 더구나 상사의 이름을 부를 일은 많지 않다. 그러나 직장 생활에서는 상사의 직급과 이름은 반드시 알아두는 것이 좋다. 이름이나 직급을 기억하는 것은 인간관계를 맺을 때의 기본 매너다. 상대가 나에게 관심이 있다고 믿게 하는 긍정적인 척도다. 또, 특정한 순간에 상대의 이름을 알고 있다면 유리할 수 있다. 이와 반대로 직함이나 이름을 잊는 것은 상대를 존중하지 않거나 상대의 존재를 쉽게 생각한다는 오해를 불러일으킬 수 있다.

기억나지 않을 때는 자연스럽게
만난 적 있는 상대의 이름이 갑자기 생각나지 않을 때 호칭 언급 없이 자연스럽게 본론을 먼저 이야기하는 정도만 돼도 위기 모면 점수가 80점은 된다. 이후 주변 사람이나 사내 직원 연락망을 통해 이름과 직급을 다시 확인하자.

실수로 이름이나 직급을 잘못 불렀을 때는
알아차린 즉시 정중히 실수를 인정하고 사과한다. 이후 같은 실수를 되풀이하지 않도록 특별히 주의 깊게 외우도록 하자.

일반적인 기업의 직위와 직책 구분하기
직위는 조직 구성원에게 부여하는 책임의 단위다. 일반적으로 알려진 사원, 주임, 선임, 대리, 책임, 수석, 과장, 차장, 부장, 이사 등을 직위라고 한다. 직책은 지위에 부여된 직무다. 파트장, 실장, 팀장, 본부장, CEO 등이 이에 해당한다.

(+) **PLUS TIP**
높은 직급으로 호칭하기
오랜만에 연락한 외부 상급자의 직급이 기억나지 않거나 인사 철이 지났다면 생각보다 높은 직급으로 부르자. 높은 직함으로 불리는 걸 싫어할 사람은 없다.

중언부언하지 않고
간결하고 조리 있게
의사를 표현하는 말 센스

[회의 & 보고]

Question List

회의할 때 뭘 해야 하나요? 64

회의록은 어떻게 작성해야 하나요? 66

회의실에도 상석이 있나요? 68

언제, 뭘 보고해야 하나요? 70

어떻게 보고해야 하나요? 72

'네'라고만 대답하면 안 되나요? 74

[회의&보고]

10 회의할 때 뭘 해야 하나요?

Q. 회의에 처음 참석하게 됐는데, 제 역할은 뭐죠?
회의를 한다고 해서 들어갔는데 도통 이해도 되지 않고, 갑자기 의견을 묻는 상사의 질문에 대답도 제대로 못 했습니다. 제가 할 수 있는 게 없는데 뭘 해야 하나요?

A. 다른 사람이 의견을 낼 때 메모하며 차근차근 분석해 보세요.
우선 선배들이 하는 이야기를 들으며 사내 분위기를 파악하는 데 집중하세요. 다른 사람이 의견을 낼 때 메모하며 분석하는 습관을 들이면 좀 더 빨리 이해할 수 있게 될 거예요. 선배가 딱히 맡긴 업무가 없다면 "제가 회의록을 작성할까요?" 하고 먼저 물어보는 적극성을 발휘해도 Good!

> **필기구와 회의 준비 자료는 기본**
> 회의가 시작됐는데 아무것도 없이 들어와 옆 사람에게 필기구를 빌리거나 A4 용지 한 장과 볼펜 한 자루만 들고 회의실로 들어오는 모습을 보인다면 누구라도 성의 없는 사람이라고 생각할 것이다. 필기구와 메모지는 기본, 회의에 필요한 자료는 누가 시키지 않아도 미리 파악해 가자.

다른 사람의 의견을 경청하라

경청은 전반적인 사내 분위기를 감지하는 데도 유용하고 선배들이 회의를 어떻게 진행하고 의견은 어떻게 제시하는지 노하우를 배우는 데 필수다. 회사 전체의 분위기를 파악하는 데 이만큼 효과적인 교재는 다시 없다. 남의 말에 집중하지 않고 낙서만 하는 사람도 있는데, 선배 눈에는 다 보인다.

발언해야 한다면 남의 의견에 살을 붙이자

묵묵부답으로 일관하는 태도나 잘 모르겠다는 식의 답변은 회의 흐름을 깬다. 이야기를 장황하게 늘어놓는 스타일 또한 짜증을 유발할 수 있다. 다른 사람들이 제시한 의견에 본인이 생각한 보완책을 덧붙이는 방식을 고민해 보자. 회의 중 궁금했던 점을 메모했다가 의견을 물었을 때 반문해도 좋다.

상대와 의견이 다를 때는 일단 칭찬부터

누군가가 발표한 기획에 문제점이 보인다면 상대방의 노력을 우선 인정하면서 동시에 이 문제를 보강할 대안이나 좀 더 구체적인 실행 방안을 아울러 제시하는 것이 좋다. "김 대리님의 아이디어는 매우 참신한 것 같아요. 그런데 이런 점을 좀 더 보완하면 어떨까요?" 하는 식이다.

⊕ **PLUS TIP**

회의 맞춤형 애플리케이션
여러 사람의 목소리를 구분해 녹음한 후 녹음한 음성 파일을 텍스트로 변환해 녹취록으로 만들어주는 앱이 있다. 잘 활용하면 업무 시간 단축에 유용하다.

[회의 & 보고]

11 회의록은 어떻게 작성해야 하나요?

Q. 제가 쓴 회의록에 무슨 문제가 있을까요?
회의가 끝난 후 회의록을 작성해 공유하는 업무를 맡았어요. 열심히 작성해 보여드렸는데 상사의 표정이 썩 좋지 않네요.

A. 양식이 잘못되었거나, 내용이 부족하거나, 필요 없는 내용까지 적었거나.
처음 하는 업무라면, 옆자리 선배에게 이전에 사용한 양식이 있는지 물어보고, 없다 하면 포털사이트에서 샘플을 찾아 응용할 수 있어요. 그리고 회의록에 주요 내용이 알맞게 들어 있는지 너무 함축하거나 장황하지는 않은지 다시 확인해 보세요.

회의록의 목적 알기

회의록은 회의에서 제안한 과업을 실행하기 위해 누가, 어떻게, 언제까지 할 것인지 등의 업무 분장과 의사결정 사항을 공유하고 공식화할 목적으로 작성한다. 동일한 주제로 이야기를 하더라도 구성원 각자가 달리 이해 해 서로의 기억을 근거로 다른 주장을 하는 불상사가 생기기도 한다. 회의록은 이런 소통 오류로 발생하는 문제를 방지하는 데도 효과적이다.

회의록에 반드시 필요한 내용

회의록에는 회의 일시, 참석자, 안건과 회의 내용, 향후 과제와 담당자가 드러나야 한다. 추후 논의하기로 한 내용이나 아이디어는 별도로 정리한다. 이때 회의 안건에 문제점이 있다면 해결 방안을 함께 제안하고 한눈에 알 수 있게 카테고리별로 묶는 것이 좋다.

회의록

회의 개요

회의 일시: 2022년 05월 16일(월) 10:00~10:30
작성자: 윤 사원
참석자: 김 팀장, 이 팀장, 강 대리, 윤 사원(4명)
회의 안건: A 프로젝트 킥오프 회의

회의 내용

1. 신규 아이템 제안
   - 할인 이벤트를 모아 알려주는 맞춤형 쇼핑 콘텐츠(제안자: 이 팀장)
   - 지인과 가고 싶은 여행지를 추천해 주는 문화 콘텐츠(제안자: 강 대리)

2. 콘텐츠 방향 구체화
   - 쇼핑 콘텐츠: 이벤트 종류별 분류와 리스트업
   - 문화 콘텐츠: 여행지 기준 설정 및 SNS 여론 조사

향후 진행 및 결정사항

1. 여론조사 설문 이벤트 콘텐츠 작성
   (담당 및 마감: 강 대리/ 5월 19일)
2. 프로젝트성 SNS 인스타그램 개설
   (담당 및 마감: 윤 사원/ 5월 17일)
3. A 프로젝트 아이템 세부 사항 2차 미팅(일정: 5월 27일)

[회의 & 보고]

12 회의실에도 상석이 있나요?

Q. 회의실에서 어디에 앉아야 하나요?
거래처 담당자와의 미팅, 회의실에 제가 먼저 도착했습니다. 그래서 자연스럽게 안쪽에 앉았죠. 그런데 대리님이 들어오시더니 황당하다는 표정을 보이더라고요.

A. 연차가 낮을수록 출입구에서 가까운 쪽에 앉는 것이 비즈니스 매너입니다.
동료와 아이디어를 공유하는 등 편한 자리에서는 괜찮지만 상사와 동행한 미팅 자리나 임원이 배석한 회의에서는 상석과 말석을 구분해 앉는 것이 매너입니다.

> **상석의 기본**
> 상석이란 쉽게 말해 '좋은 자리'다. 상황과 장소에 따라 달라지는데 관행에 따라 직급을 존중해 앉는다. 다음과 같은 기준을 두고 상석을 찾으면 된다. 하나, 출입구에서 가장 먼 자리다. 출입구는 사람들의 이동이 잦은 자리이기 때문에 불편할 수 있다. 둘, 경치가 좋은 자리다. 상급자가 대화의 소재를 자연스럽게 끌어낼 수 있도록 하는 것이다. 셋, 넉넉한 자리다.

회의 시의 상석

U자형 테이블
모든 사람이 시야에 들어오는 가운데 자리가 상석이 된다.

직선형 테이블
직선형 테이블인 경우에는 가장 안쪽 자리가 상석이다. 국제적으로 오른쪽이 상석의 기준이므로 그 다음 상석은 최상석 오른쪽 좌석이다.

출입구에서 먼 안쪽 공간이 비좁다면 애써 안쪽으로 안내하지 않아도 된다. 움직이는 데 불편이 없는 자리가 상석이다.

프레젠테이션이나 발표 자리에서는

만일 발표나 보고를 위한 프레젠테이션을 하는 회의라면 스크린 화면을 정면으로 마주 보는 자리가 상석이다. 이처럼 회의의 주제나 상황에 따라 상석의 위치가 변하기 때문에 어떤 목적의 자리인지 먼저 파악하는 것이 중요하다.

[회의 & 보고]

1 3 언제, 뭘 보고해야 하나요?

Q. 사소한 것까지 일일이 다 보고해야 하나요?
제 옆자리 동료는 중요한 내용도 아닌 것 같은데 일일이 상사에게 보고해요. 저는 이상하다고 생각했는데 상사에게 일을 잘한다고 칭찬받더라고요. 그런 자질구레한 일까지 보고하나 싶은데 말이죠.

A. 시켜서 하는 보고만 있는 것이 아닙니다.
회사에서 보고는 매우 포괄적인 행동이에요. 업무 상황을 보고하는 것이 기본이지만 좁게는 회의 보고부터 성과 보고, 이슈 보고까지 보고의 종류는 다양합니다. 시야를 넓혀 생각해 보세요. 업무할 때 일어나는 일을 공유하는 거라고요. 외근 시에도 자신의 행선지를 보고해야 하고요. 보고는 매우 중요하고 그 세계는 넓습니다.

> **업무 시작부터 끝까지 보고할 것**
> 업무의 경중을 파악하기 어려운 사회 초년생이라면 진행 상황과 함께 진행 과정에서 나타나는 다양한 변수를 모두 파악해 보고해야 한다. '이 정도 일은 보고하지 않고 알아서 처리해도 되겠지'라는 생각은 섣부른 판단이다. 업무를 완료하는 데 예상보다 시간이 더 걸릴 때, 업무 상황이 변했을 때,

곤란한 문제가 발생했을 때, 지시받은 방침이나 방법으로는 수행하기 어려울 때, 업무 순서를 바꿔야 할 때, 결과가 짐작될 때, 마무리를 앞두었을 때, 마쳤을 때 등등 전부 보고할 타이밍이다.

보고는 빠르고 간략하게
보고를 잘하기 위해 충분한 시간을 갖고 준비하려는 태도는 좋지만 소통은 무조건 빨리 하는 것이 좋다. 업무를 진행하는데 문제가 생겼거나 결정해야 하는 사안이 있는데 바로 처리하지 않고 있다가 보고할 시기를 놓쳐 일을 그르치는 일이 있어서는 안 된다. 예상보다 진행이 늦어진다면 '시간이 더 걸릴 것 같다'고 빠르게 보고해 업무를 추진해야 한다.

보고하기 애매한 상황
업무 도중 긴급하게 보고해야 하는데 보고하려고 보니 상사가 자리에 없거나 회의에 들어가 언제 돌아올지 모르는 상황이다. 이럴 때 메신저나 문자로라도 상황을 보고해 상사에게 의사결정을 요청해야 한다. 회의 중인 상사를 불러내려니 난처할 수 있지만 신속한 대처로 더 나은 결과를 이뤄낸다면 일 잘하는 사원으로 자리매김할 수 있을 것이다.

> ⊕ **PLUS TIP**
> **보고하러 임원실에 들어갈 땐 슬리퍼는 금물!**
> 사무실에서 슬리퍼를 신고 있다가 깜빡하고 그대로 보고하러 가는 경우가 있다. 기본이 안 되어 있다는 오해를 받을 수 있으니 슬리퍼는 갈아신고 가자.

[회의&보고]

1 4 어떻게 보고해야 하나요?

Q. 상사가 원하는 보고는 대체 어떤 보고인가요?
지난번 업무 보고 도중에 상사가 갑자기 결론만 간단히 말하라고 짜증을 냈습니다. 그래서 간단하게 말했더니 무슨 말을 하는지 모르겠다며 제대로 말하라고 합니다. 대체 어쩌라는 건지….

A. 보고할 때는 정확한 수치를 활용해 두괄식으로, 대안과 함께 전달해야 합니다.
보고는 내가 하고 싶은 말보다 상대가 궁금해 하는 내용을 중심으로 전달해야 하죠. 목적도, 의미도 불분명하게 친구에게 넋두리하듯 말하면 안 돼요. 핵심 내용을 가장 먼저 말하고, 날짜와 수치 등을 함께 언급하는 게 좋아요. 혹시 어떤 문제가 생긴 상황이라면 해결책을 덧붙이는 것이 바람직하고요.

> **숫자로 보고하기**
> 보고는 숫자로 언급해야 내용이 명확하게 전달되고 오해의 소지도 없다. 수치를 밝히지 않고 '꽤', '상당히', '아주 많이'와 같은 모호한 부사를 쓰지 않는 것이 좋다. 예를 들어 신입 사원 모집 현황을 전하며 "꽤 많이 지원하고 있습니다", "상당히

많이 지원하는 상황입니다"라고 하는 건 아마추어식 보고다. "현재까지 N명 지원했습니다", "작년보다 지원자가 2배 늘어 N명입니다"같이 확실한 수치로 보고해야 한다.

두괄식으로 보고하기
"팀장님, 어제요, 매장 사고 말이에요. 손님이 워낙 몰리다 보니 일어난 사고인데요. 그때 알바도 부족한 상태라…" 이렇게 중언부언하면 듣는 사람은 답답해진다. "어제 있었던 강남 매장 사고는 배상하는 쪽으로 처리했습니다"하는 식으로 결론을 정확하게 먼저 말하면, 상사의 시간을 아껴주는 센스 있는 후배가 된다.

대안을 함께 제시하기
어떤 일이든 보고할 때는 보고자의 의견을 명시해야 한다. 솔루션을 포함하지 않으면 보고로서 의미가 없다. 고객의 컴플레인을 보고하는 상황이라면 먼저 컴플레인 내용을 전달하고, 어떻게 해결할 것인지를 밝혀야 한다. 기획안을 보고할 경우에도 A, B, C 각 안의 장단점을 분석했다면 결론적으로 A안이 최적이라고 판단된다는 식으로 보고자의 의견도 밝혀야 한다.

> ⊕ **PLUS TIP**
> **보고할 때는 모호한 뉘앙스 풍기지 않기**
> 심각한 얼굴로 "드릴 말씀이 있어요"라고 하면 큰일이 난 건가 싶어 상사는 불안하다. "A건은 문제 없이 진행 중인데, 작은 이슈가 있어 보고드려요"라고 말하자.

[회의&보고]

15 '네'라고만 대답하면 안 되나요?

Q. 상사가 일을 시킬 때 무엇을 물어봐야 하나요?
얼마 전 팀장님이 제게 프로젝트 제안서를 만들어보라고 하셨습니다. 제게는 과분한 업무인 것 같았는데, 일단 알았다고 대답하고 자리로 돌아왔어요. 그런데 어떻게 시작해야 할지 막막합니다.

A. 일의 목적이 무엇인지 반드시 물어야 합니다.
상사의 지시를 받을 때 긴장된다고 '네'라고 대답만 하고 돌아와서는 안 됩니다. 잘 이해하지 못한 채 되묻기 어려워 아는 척하고 그 자리를 모면하면 결국 본인만 곤혹스러워져요. 모르는 부분이 있으면 솔직하게 인정하고 묻는 용기가 필요하죠.

> ### 지시를 받을 때는 경청의 제스처 취하기
> 미국의 법학자 올리버 웬들 홈스(Oliver Wendell Holmes)는 경청에 대해 "말하는 것은 지식의 영역이고, 듣는 것은 지혜의 영역"이라고 했다. 시선을 맞추고 몸의 방향을 상사에게 향하며 메모하는 등 온몸으로 경청하고 있다는 제스처를 취하자. 습관적으로 팔짱을 끼는 경우도 있는데 이런 자세는 자칫 거만한 인상을 줄 수 있어 주의하는 것이 좋다.

적극적으로 사고하기

상대가 말하는 의도를 파악하며 그것이 자신에게 어떤 의미가 있는지 생각하는 등 하나의 과업을 다양한 각도에서 파악한다. 그리고 나름대로 기준을 세운다. 상사의 눈에 들려는 것이 아니라 개인의 발전을 위해 필요한 과정이다.

상사가 보고서 작성을 지시할 때, 반드시 물어봐야 하는 4가지

(목적) "어디에 필요한가요?"

참고용인지, 임원 보고용인지, 외부에 공유할 공식 자료인지 등 과업의 목적을 확인한다.

(기한) "언제까지 해야 할까요?"

반드시 물어봐야 늑장 부리는 신입 사원으로 찍히지 않는다. '가능한 빨리' 또는 '이번 주 내로' 등 다소 모호한 답변이 돌아온다면 '며칠까지 드려도 될까요?' 하고 되물어 기일을 정한 후 일을 시작하자.

(방법) "원하시는 방식이 있나요?"

회사나 상사의 업무 성향, 또는 목적에 따라 원하는 결과물이 다르다. 정해진 포멧이 있는지 물어 파워포인트, 한글, 엑셀 등 작성할 파일 형식을 확인하는 것이 좋다.

(중간 점검) "이 방향이 맞나요?"

내용을 대략적으로 작성한 후 상사가 기대하는 방향이 맞는지 점검받는다. 그러지 않으면 보고서 작성이 끝난 후 "이건 내가 원하는 방향이 아니야"라는 상사의 지적을 받을 위험이 크다.

● **직장 용어 모음**

듣긴 들었는데 뭐라는 거지?
생소하지만 자주 쓰는 비즈니스 용어

"이게 무슨 뜻이야?"

* 미팅 스케줄 **어레인지** 부탁합니다.
* 부서별로 이달 **KPI** 전달해 주세요.
* **어젠다** 전달하니 **팔로업** 해주세요.
* **에스컬레이션** 했고 **이슈** 마무리하겠습니다.
* 다음 주까지 기획 **아이데이션 디벨롭** 하겠습니다.
* 해당 메일 **씨씨** 걸어서 **ASAP**으로 전달 바랍니다.
* **애즈이즈 투비**를 한눈에 파악할 수 있게 해주세요.
* 사내 공지 메일 발송 시 **비씨씨** 걸어주세요.
* 아래 내용 **FYI** 부탁드립니다.
* 저번에 차장님께 받은 메일 **포워딩** 해주세요.
* 다음 주 수요일에 **킥오프** 미팅 예정입니다.

디벨롭(develop) 한 번 더 발전시키다, 부족한 내용을 보완하다

비씨씨(BCC) 숨은 참조, 메일 받는 사람이 추가 수신인을 알 수 없도록 함

씨씨(CC) 참조, 업무와 관련된 사람이 메일을 확인할 수 있도록 추가해 발송

아삽(As Soon As Possible) 가능한 한 빨리

아이데이션(ideation) 아이디어를 구체화, 발전시키다

어젠다(agenda) 회의 의제, 회의 안건, 회의 일정

애즈이즈 투비(As-is To-be) 현재 상태와 미래 상태

어레인지(arrange) 문서를 처리, 정리하다

에스컬레이션(escalation) 상급자나 상급 부서에 알림

에프와이아이(FYI, For Your Information) 참고

이슈(issue) 과업의 논점, 문제점, 포인트

케이피아이(Key Performance Indicator) 기업의 목표 달성을 위한 핵심성과지표

킥오프(kick-off) 시작하다, 착수하다

팔로업(F/U=follow-up) 후속 조치, 지속적으로 챙김

포워딩(forwarding) 전달하다, 메일을 전달

[이럴 땐 어떻게 해야 하죠?]

상황별 업무 지시 대처법

난감한 상황에서 똑똑하게 일하는 법

상사의 지시대로 일을 했으나 잘못되었을 때

지시하는 것은 상사지만, 실행하는 것은 당신이다. 일하는 도중에 문제점이 발견되거나 더 나은 대안, 개선 방향이 있으면 번거롭더라도 의견을 내어 방향을 수정할 수 있도록 해야 한다. 결과가 좋지 않을 때 '이렇게 하라고 하셔서…'라는 변명은 당신을 안일하고 무능한 사람이라고 평가하게 만들 뿐 전혀 도움이 되지 않는다.

타 부서 부장이 일을 시킬 때

타 부서 상사가 당신의 부서장을 거치지 않고 일을 시키는 경우가 있다. 보통 시급한 일이거나 개인적인 사유가 있는 경우이므로 크게 문제 될 일이 아니라면 흔쾌히 들어주는 태도를 보여 관계를 돈독히 하는 것이 이롭다. 다만 판단하기 어려울 경우 사소한 일이라도 당신의 상사에게 보고해야 한다. 왠지 고자질이나 싸움을 붙이는 일이 되지 않을까 걱정하지 않아도 된다. 보고하지 않았는데 문제가 생기면 책임은 오롯이 당신에게 돌아온다는 점을 명심하라.

상사 간 지시 내용이 서로 다를 때

팀장에게 지시받은 대로 업무를 처리하고 있는데 부장이 상반된 지시를 하는 경우가 있다. 이때 부장에게 그 자리에서 팀장의 지시 내용을 전달하기보다 우선 의견을 받아들인 후 팀장에게 부장의 지시 방향을 보고하는 것이 현명한 후배가 되는 길이다. 같은 문제를 놓고도 다른 지시를 내릴 수 있다. 다름을 이해하고 당신의 의견을 명확히 전달해 차이를 좁히는 것이 바람직하다.

외근 중, 부재 시 등 갑작스러운 상황에 업무를 지시할 때

근무 중 자리를 비우거나 외근을 나왔는데 상사가 갑자기 업무를 지시하는 경우가 있을 수 있다. 보고하고 자리를 비웠더라도 '보고하고 나왔으니까', '지금 바쁘니까 조금 있다가 연락해야지'라는 생각으로 상사의 연락에 답변하지 않으면 추후 문제가 생길 수 있다. 상사의 연락은 바로바로 받아 대처하는 것이 기초적인 회사 매너다. 미팅 중이라 연락을 받지 못할 경우, 자동응답 메시지로라도 자신의 부재를 알리는 것이 좋다.

센스 있는 사람들은
어떻게 말하고 쓰는지
궁금할 때

[전화 & 이메일]

Question List

전화받을 때 제 이름을 밝혀야 하나요? 82

사적인 전화, 사무실에서 받아도 되나요? 84

전화 말고 문자 하면 안 되나요? 90

메신저로 소통할 때도 딱딱하게 말해야 하나요? 92

비즈니스 이메일 쓰는 게 어색해요 96

수신과 참조, 숨은 참조의 차이 98

배상, 올림, 드림의 차이 99

[전화 & 이메일]

16 전화받을 때 제 이름을 밝혀야 하나요?

Q. 매번 제 이름을 말해야 하나요?

오늘 오전, 제작업체에 발주를 넣었어요. 그리고 몇 시간 뒤 수정 사항이 생겨 업체에 다시 전화를 걸어 수정을 요청했습니다. 제 생각에는 나름대로 정중한 말투와 태도로 이야기했어요. 그런데 상대가 다짜고짜 신경질적인 말투로 "어디서 전화주신 건데요?"라고 하는 거예요. "○○예요"라고 했더니 "그렇게 말씀하셔야 알아듣죠"라며 여전히 짜증섞인 말투로 응대하더라고요.

A. 전화할 때 자신을 밝히는 건 기본 매너입니다.

정중한 어투로 요청한 것은 잘한 일입니다. 하지만 전화를 걸거나 받을 때 기본으로 지켜야 할 매너 중 하나가 자신을 밝히는 거예요. 다짜고짜 용건을 말하면 상대는 당황스럽겠죠?

인사나 자기소개 없이 요구하는 건 매너 없는 행동

인사도 없이 요구 사항을 말하는 경우가 있다. 예컨대 총무팀에 전화해 대뜸 "거기가 비품 구매 담당하는 곳 맞나요?" 하고 용건부터 말하는 무례한 태도다. 얼굴을 직접 보고 소통하지 않을 때는 더욱 예의를 갖춰야 한다.

전화 걸 때 전화번호 확인하기

업무상 전화를 걸 때 전화번호를 제대로 누르지 않아 연결되지 않거나 엉뚱한 상사가 전화를 받아 난감한 경우가 있다. 이런 실수가 잦으면 부주의하거나 꼼꼼하지 못한 인상을 줄 수 있다. 전화할 때는 제대로 연결되었는지 수신자를 확인하는 습관을 들이는 것이 바람직하다.

내선 전화를 돌려줄 때는 간략히 내용을 전달하기

전화를 대신 받거나, 자신의 업무와 관련이 없어 해당 담당자에게 전화를 돌려줄 때가 있다. 전화를 건 상대에게 담당자에게 연결하겠다고 양해를 구하고 연결하면 된다. 전화를 바로 연결하는 경우가 아니라 용건과 관련한 대화를 주고받아 상대가 요청하는 내용을 아는 경우 담당자에게 전화를 돌리기 전 내용을 간략히 전달해 주는 것이 매너다.

여보세요는 금물

전화를 할 때와 받을 때 첫마디는 "여보세요"가 아니라 "안녕하세요, OO회사 OO(직급), OOO입니다"여야 한다. 사내 전화인지 사외 전화인지에 따라 조금씩 다른데, 상대방이 사내 직원이라면 이름만 밝혀도 된다.

> ⊕ **PLUS TIP**
> **전화 당겨 받고 돌려주는 방법 미리 알아두기**
> 회사마다 내선 전화를 당겨 받거나 돌려주는 방법이 다르므로 사전에 물어보고 익혀두는 것이 좋다.

[전화 & 이메일]

17 사적인 전화, 사무실에서 받아도 되나요?

Q. 친구에게 걸려 온 전화를 사무실에서 받아도 되나요?

퇴근 후 친구와 저녁을 먹기로 한 날 일하느라 친구 문자에 답장을 못 했더니 친구가 기다리다 못해 전화를 했더라고요. 얼떨결에 자리에서 전화를 받아 저녁 메뉴를 함께 골랐어요. 전화를 끊고 곰곰이 생각하니 사무실에서 사적인 통화를 한 건 처음이었어요. 주변에서 별말은 안 하는데 사적인 통화를 해도 되는지 궁금합니다.

A. 사적인 통화는 사무실 밖에서 하는 것이 매너입니다.

회사 분위기마다 다르지만, 일반적으로 많은 사람이 한 공간에 함께 있는 경우 사적인 통화는 밖으로 나가서 하거나 짧게 끝내는 것이 매너입니다. 또 업무 중 자꾸 다른 행동을 하는 모습을 보이면 집중력이 부족해 보일 수 있죠. 과연 해도 괜찮은 행동인지 판단이 서지 않는다면 나에게 이익이 되는 일인지 자문해 보세요.

> **사무실에서 소음이 되는 행동은 자제하기**
>
> 한 온라인 커뮤니티에 입사한 지 한 달도 안 된 신입 사원이 조용한 사무실에서 일하면서 콧노래를 흥얼거리고 스스럼없이 사적인 통화를 해 그 직원이 중고나라에 어떤 물건을

팔려고 하는지도 알게 됐다며 황당해하는 일화가 올라와 설전이 오갔다. 사무실은 여러 사람이 함께 근무하는 곳이다. 버스와 지하철처럼 사무실에서도 대화나 통화는 되도록 조용히 하는 것이 매너다. 업무상 감정이 격해지거나 통화 품질에 문제가 생겨 소리를 크게 내는 경우가 있는데, 동료에게 방해가 되지 않도록 주의하는 습관을 들이는 것이 좋다.

성실하다는 평판을 얻고 싶다면 그에 맞는 모습 갖추기
연차가 낮은 사원일 경우, 자신은 할 일을 하면서 남는 시간에 잠시 전화를 받는다고 생각할 수 있지만, 회사 입장에서는 가르치는 개념으로 보기 때문에 성실하게 배우려는 태도로 보이지 않는다. 좋은 평판을 쌓고 싶다면 업무에 집중하는 모습을 보여야 한다.

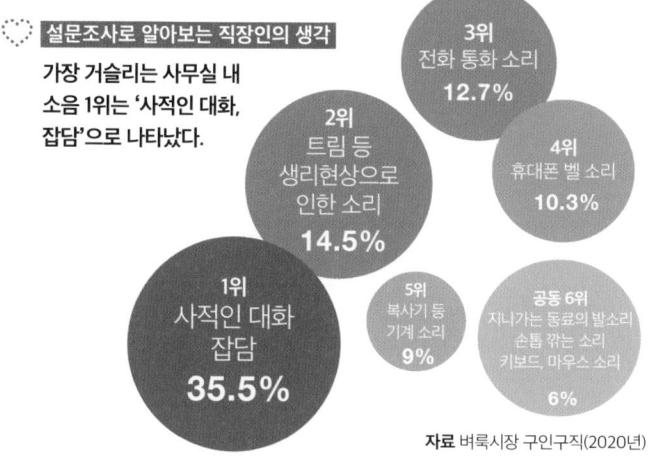

설문조사로 알아보는 직장인의 생각
가장 거슬리는 사무실 내 소음 1위는 '사적인 대화, 잡담'으로 나타났다.

1위 사적인 대화 잡담 35.5%
2위 트림 등 생리현상으로 인한 소리 14.5%
3위 전화 통화 소리 12.7%
4위 휴대폰 벨 소리 10.3%
5위 복사기 등 기계 소리 9%
공동 6위 지나가는 동료의 발소리, 손톱 깎는 소리, 키보드, 마우스 소리 6%

자료 벼룩시장 구인구직(2020년)

 **전화 매너 가이드**

일단 빨리 받기. 그리고 내용을 명확하게 전달할 것.

할 말을 머릿속으로 정리하기

전화를 걸어 전달하거나 요청해야 할 내용이 있을 때는 머릿속으로 정리하거나 메모한 후 전화하자. 상대와 통화하며 '잠시만요'를 남발하거나 말을 얼버무리는 것은 예의에 어긋난다. 5분 이상 통화해야 하는 상황이라면 메신저를 통해 상대방에게 먼저 통화가 가능한 상황인지 물어보는 센스는 기본이다.

첫마디는 인사와 자기소개

전화를 걸 때와 받을 때 모두 첫마디는 자신을 소개하는 인사말로 시작하는 것이 예의다. 사내에서 걸려 온 내선 전화라면 자신의 이름만 밝히면 된다. 다만, 입사한 지 얼마 되지 않은 신입 사원인 경우 상대가 이름을 모를 수 있으니 팀(부서)까지 밝히는 것이 좋다. 참고로 '11초 법칙'에 따르면 보통 전화를 걸고 대기하는 시간이 11초를 넘으면 짜증을 느낀다고 한다. 가능하면 11초, 전화벨이 세 번 이상 울리기 전에 받는 것이 상대에 대한 배려다.

섣부르게 확언하지 않기

내가 상대에게 요청할 사안이거나 내용을 전달해야 하는 경우 미리 정리한 메모를 보며 일목요연하게 말하면 된다. 반대로 상대방이 나에게 요청하는 경우 간단한 사안이라면 바로 대답하면 되지만, 즉시 답변하기 어려운 경우에는 "말씀하신 내용은 알아보고 다시 연락드리겠습니다" 하고 상대에게 양해를 구하는 것이 현명하다. 확실하지 않은 내용을 'OO인 것 같은데요'라고 하거나 자신이 해야 할지, 말아야 할지 판단이 서지 않는 상대의 요청에 섣불리 '네'라고 대답했다가는 오해를 일으킬 수 있으니 주의하자. 확실하게 대답하는 태도는 의사소통의 기본이다.

전화 내용 메모하기

상대방의 용건에 본인이 답변하기 어려운 경우에는 상대방의 소속과 이름, 직함, 연락처와 상대가 전달하려는 내용을 빠짐없이 확인한다. 마지막으로 "담당자에게 OO라고 전달하면 될까요?"라고 통화 내용을 다시 한번 되묻는다. 이 확인 과정을 거치지 않으면 상대방의 의도와 다른 내용으로 전달될 수 있다. 전화번호나 일정, 계좌번호 등 중요한 정보도 상대에게 다시 확인하는 습관을 들이자. 그러잖으면 기껏 메모해 다시 전화했는데, '이 번호는 없는 번호입니다'라는 안내 멘트가 흘러나오는 낭패를 겪을 수 있다.

[상황별 전화 스크립트]

전화가 어려운 당신을 위한 상황별 짧은 대본.

💬 휴가 중인 상사를 찾을 때
"(자기소개 후) 지금 ○○께서 부재중이신데, 메모 남겨드릴까요?"
* 휴가, 연차 등 개인 사정을 설명하지 않는 것이 바람직하다.

💬 담당자에게 전화를 걸었는데 다른 사람이 대신 받을 때
"몇 시쯤 다시 전화하면 될까요?"
"메모를 남겨주실 수 있을까요?"

💬 내가 모르는 일·담당자를 물어볼 때
"해당 사항을 확인 후 연락드려도 될까요?"

💬 전화 내용이 잘 들리지 않을 때
"죄송하지만, 통화 상태가 고르지 않은데 다시 한번 말씀해주시겠어요?"
"통화 상태가 고르지 않은데 제가 다시 전화드려도 될까요?(또는 다시 걸어주실 수 있을까요?)"

💬 담당자 전화를 대신 받아 연결할 때

"실례지만 누구시라고 (어디시라고) 전해드릴까요?"

"잠시만 기다려주세요. 담당자를 연결해 드리겠습니다."

* 전화를 연결할 땐 담당자에게 내용을 간략히 전달하는 것이 좋다.

💬 직원의 개인 연락처를 물을 때

"죄송하지만, 개인 연락처는 알려드리기 어려우니, 메모를 남겨주시면 바로 전달해드리겠습니다."

* 개인 연락처는 함부로 알려주어서는 안 된다. 계속 연락처를 요구할 경우, 확인 후 연락드린다고 한 뒤 담당자에게 내용을 전달한다.

주의 사무실에서 30분 이상 통화하는 것은 주변 동료들에게 폐가 될 수 있다. 통화가 길어지지 않도록 적당한 선에서 끊는 것도 기술이다. 내용을 정리해서 메일로 보내달라고 하는 센스를 발휘하자.

[전화 & 이메일]

18 전화 말고 문자 하면 안 되나요?

Q. SNS 메신저나 문자메시지로 소통하면 안 되나요?

전화보다는 문자메시지나 SNS 메신저로 소통하는 게 편해요. 업무상 의사소통도 SNS 메신저로 하고 있어요. 며칠 전 팀장님이 제게 거래처에 수정을 요청하라고 지시하셔서 평소처럼 담당자에게 메신저로 요청해 놓았거든요. 몇 분 뒤 어떻게 처리했냐고 물으시기에 아직 답장이 안 왔다고 했더니 바로 통화해서 처리하지 왜 문자를 기다리고 있냐며 질책하시네요.

A. 급한 사안이라면 전화로 알려야 해요.

팀장님이 지시한 내용이 즉시 처리해야 할 사안은 아니었나요? 상황에 따라서 문자를 해야 할 때, 전화를 해야 할 때가 있죠. 메신저로 소통하는 게 편한 마음은 이해하지만, 업무의 중요도와 시급성에 따라 소통 방식을 정하는 편이 효율적이에요.

전화를 해야 하는 상황

빠른 피드백을 받아야 하는 상황이라면 전화를 하자. 비대면으로 소통하는 데 통화만큼 확실하고 효율적인 방법은 없을 것이다. 전화는 상대의 감정 상태를 읽을 수 있기 때문에 상대의 반응에 따라 바로 대처할 수 있어 긍정적인 피드백을 받아낼 확률이 높다. 사회 초년생이라면 업무 메일을 작성하는 데도 시간이 오래 걸리므로 업무 시간의 효율을 높이기 위해서라도 전화로 소통하는 것을 추천한다.

문자나 메신저로 소통해야 하는 상황
결정을 위해 빨리 답변해야 하는 상황이 아니라 숫자, 날짜 등 정확한 정보 전달이 필요할 때는 문자가 유용하다. 통화한 후 문자나 메신저로 통화 내용을 다시 한번 상기시키는 것도 센스 있는 행동이다. 업무 외 시간에 연락해야 할 경우에는 되도록 문자를 보내는 것이 좋다.

문자로 소통할 때 주의 사항
문자로 대화하다 커뮤니케이션에 오해가 있다는 걸 감지했다면 바로 전화를 걸어 상대의 의도를 정확히 파악하고 당신의 상황을 설명해야 한다.

설문조사로 알아보는 상사의 생각

전화 안 하는 후배 때문에 답답한 적이 있다, 없다?

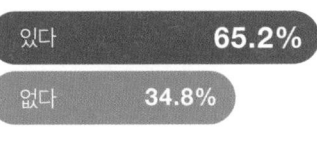

있다 **65.2%**
없다 **34.8%**

[전화 & 이메일]

19 메신저로 소통할 때도 딱딱하게 말해야 하나요?

Q. 업무상 대화를 메신저로 할 때는 어떻게 해야 하나요?

편의상 업무와 관련한 대화를 메신저로 할 때가 많아요. 편하다 보니 자칫 실수하는 것은 아닌지 걱정이 됩니다. ^^, ㅠㅠ, 이런 표시 보내면 예의 없어 보일까요?

A. 지나치게 가벼운 말투는 지양하는 것이 좋습니다.

지나치게 가벼운 말투나 비속어, 줄임말은 자제하세요. 전달할 사안이 있으면 급하게 보내지 말고 내용을 찬찬히 정리해 보내는 것도 원활한 의사소통을 위한 길입니다.

> ### 뉘앙스는 지나치게 신경 쓰지 않아도 괜찮아
> 메신저로 대화하다 보면 물결 표시(~)와 마침표(.)의 뉘앙스를 의식하거나 상대의 눈치를 보는 경우가 있다. '아니~'와 '아니'의 뉘앙스를 고민하는 것이다. 메신저의 경우 이모티콘이나 어감으로 감정을 전달하지만 일하다 보면 의도치 않게 단답형으로 답변할 수 있다. 상대의 감정을 지나치게 추측하는 것은 스스로의 정신건강에 좋지 않으므로 사소한 단어 하나에 감정을 담아 해석하지는 말자.

짧게 끊어 보내는 것은 NO
"안녕하세요"(띵동), "지난번에"(띵동), "말씀하셨던"(띵동), "자료 보내드립니다."(띵동) 대화를 이렇게 끊어서 보내는 경우 무려 네 번의 알람이 상대에게 울릴 것이다. 짧은 메시지를 연달아 보내면 업무에 방해가 될 뿐만 아니라 말하고자 하는 것이 정확히 무엇인지 알기도 어렵다. 전달해야 할 사항이 있으면 서너 줄의 문장으로 일목요연하게 정리하자. 번호를 매겨 아주 간결하게 정리하는 것도 좋다.

중요한 내용은 메일로 전달할 것
보안에 주의해야 하는 정보는 메일을 이용해 주고받아야 한다. 회사 메일은 공식적인 문서 역할도 한다. 메신저는 시스템상 일정한 다운로드 기간이 있어, 이 기간이 지나면 상대가 보낸 파일이 열리지 않는 경우가 있다. 담당자에게 자료를 다시 요청하는 민망한 상황이 연출될 수 있으므로 주의하자.

단체 채팅방 개설 전 의사 묻기
간혹 상대의 의사를 묻지도 않고 업무와 관련된 모든 사람을 단체방으로 불러들이는 경우가 있다. 사전에 협의가 되지 않은 상황이라면 상대는 매우 당황스러울 것이다. 특히 외부 업체나 클라이언트와 처음 소통하는 것이라면 관련 내용을 SNS 메신저로 전달해도 되는지 의사를 먼저 묻는 것이 중요하다. 당신이 일할 때 메신저를 이용한다고 해서 다른 사람도 그러리라 예상하면 안 된다.

GUIDE SNS 메신저 매너 가이드

핵심 요점만 담아, 올바른 맞춤법으로, 빠르게 소통할 것.

메시지 보내기 전 내용 정리하기

메신저는 핵심적인 내용을 축약해 빠르게 전달하기 용이한 소통 채널이다. 상대의 답변을 듣고 즉시 정정할 수도 있다. 하지만 간편하게 의사소통을 할 수 있는 만큼 정리되지 않은 생각을 남발할 수도 있으므로 조심해야 한다. 실컷 업무 보고를 한 뒤 "다시 말씀드리겠습니다" 하며 두서 없는 말을 한다면 메시지를 읽는 사람은 황당해할 것이다. 해야 할 말이 있을 때 먼저 메모장에 짧게 정리한 후 대화 메시지를 보내는 것도 썩 유용한 방법이다.

상대방이 내가 보내려는 사람이 맞는지도 확인

메신저로 업무를 하다 보면 채팅창을 여러 개 띄워두고 대화를 주고받을 때가 있다. 이때 채팅방을 혼동해 실수하는 경우가 왕왕 있으니 반드시 주의하자.

보낼 때는 이모티콘은 적당히, 맞춤법은 올바르게

이모티콘을 적당히 활용하는 것은 자칫 경직돼 보일 수 있는 텍스트 대화에 용이하다. 하지만 무엇이든 지나치면 독이 되는 법. 이모티콘을 남발하면 소통에 방해가 될 뿐만 아니라 사용하는 사람을 가벼워 보이게 한다. 또 기초적인 맞춤법을 재밌어 보이기 위해 일부러 틀리거나 비속어를 사용하는 것은 상대를 불쾌하게 만들 수 있다. 기본적인 맞춤법은 지키고, 상대가 이해하기 어려운 줄임말을 사용하는 것은 자제해야 한다.

상대가 보낸 메시지를 확인했으면 즉시 답장하기

메신저는 즉각적인 소통을 위해 사용하는 도구다. 미국 경제 전문지 <포브스(Forbes)>에 따르면 사람들은 문자메시지의 90%를 3분 내로 읽는다고 한다. 하지만 바쁘다 보면 읽고도 답장하지 않거나 빠르게 오가는 단체 채팅방의 대화를 확인한 후 곧바로 다른 일을 할 수 있다. 그러나 메시지를 확인하고 답장을 하지 않으면 상대는 무시당하는 기분이 들 수 있고, 답장을 기다리느라 업무에 집중하지 못할 수도 있다. 만약 당장 대답하기 어려운 상황이라면 조금 뒤 연락하겠다고 양해를 구하는 것이 바람직하다.

> ⊕ **PLUS TIP**
> **자리를 비울 때는 휴대폰 챙기기**
> 사무실 책상에 휴대폰을 두고 자리를 비우지 않는 것이 좋다. 자리를 비울 때 울리는 벨소리에 동료들이 불편해할 수 있고, 갑작스러운 비상 연락이 올 수도 있기 때문이다.

[전화 & 이메일]

20 비즈니스 이메일 쓰는 게 어색해요

Q. 이메일 어투는 원래 이렇게 딱딱한가요?

이메일로 소통할 때는 왠지 다들 경직된 어투를 쓰는 것 같아요. 꼭 그래야 하는 건가요? 메일을 보내는 일이 부담스럽고, 딱딱한 어투로 회신이 오면 어쩐지 보낸 사람에게 서운한 감정이 듭니다.

A. 메일을 받는 사람이 누구냐에 따라 달라요.

메일을 받는 사람이 회사의 대표거나, 메일을 처음 주고받는 거래처 직원이라면 이모티콘은 되도록 지양하세요. 메일은 정보 교환이 목적이므로 개인적인 감정을 담지 않는 편이 오히려 서로 편할 수 있어요. 이모티콘을 절대 사용해서는 안 된다는 뜻은 아닙니다. 상대가 자주 소통하는 거래처의 담당자이거나, 친근한 상사 혹은 동료인 경우 이모티콘을 적절히 활용하는 것도 괜찮습니다.

> **이메일은 법적 효력이 있는 문서**
> 이메일은 전자문서로서 법적 효력이 인정되기 때문에 근거 없는 말을 함부로 하거나 쉽게 확언해서는 안 된다. 계약서 작성 이전의 협상 단계에서 오가는 대화도 당사자의 확실한 의사 표현이 있다면 법적 구속력이 인정된다.

간단한 눈인사 이모티콘은 괜찮아

비즈니스 이메일이라고 해서 항상 딱딱하게만 보내라는 법은 없다. 오히려 이모티콘으로 난처함, 감사함 등의 감정을 자연스럽고 효율적으로 표현할 수 있다. 하지만 지나치게 격의 없는 어투는 상대에게 미성숙하다는 이미지를 심어줄 수 있으므로 주의해야 한다. 눈웃음 같은 간단한 이모티콘을 적절히 사용해 센스 있게 대화하자.

인사로 좋은 인상 남기기

이메일을 보낼 때는 본론을 말하기 전에 간단히 상대의 안부를 묻거나 마지막에 끝맺을 때 인사말을 더하는 것이 좋다. 개인의 성향에 따라 다르지만, 인사말도 없이 보내는 이메일은 상대에게 때로는 냉정하고 까다로운 인상을 주거나 상황에 따라 무례해 보일 수 있다. 특히 상대에게 거래를 제안하는 경우라면 적극적으로 소통하려는 의사를 보이는 것이 좋다. 상황과 시간에 알맞은 인사를 건네면 상대는 당신을 다정하고 센스 있는 사람이라고 생각할 것이다.

⊕ PLUS TIP

이메일 시작할 때 인사말
날씨가 더운데 출근은 잘 하셨나요?
오전에 비가 왔는데 출근길은 괜찮으셨어요?
점심 식사는 맛있게 하셨나요?
기분 좋은 금요일입니다.
주말 잘 보내셨나요?
빠른 회신에 감사드립니다.

[전화 & 이메일]

21 수신과 참조, 숨은 참조의 차이

Q. 수신인을 제대로 알고 보내라는 게 무슨 말인가요?

얼마 전 거래처에 메일을 보냈습니다. 대리님이 저를 부르시더니 자기를 왜 수신인에 포함했냐고 물어보시더군요.

A. 메일을 보낼 때 수신, 참조를 구분하라는 의미입니다.

모든 사람을 수신인으로 지정한 것을 지적한 게 아닐까요? 메일을 보낼 땐 수신과 참조를 구분해야 합니다.

수신, 참조는 회신 의무 유무로 구분

수신에는 회신할 의무가 있는 사람, 참조에는 메일 내용을 인지하고 있어야 하는 사람을 포함한다. 참조와 수신을 구분하지 않고 메일을 보내면 메일을 받은 사람은 자신이 업무를 수행해야 하는지, 알고만 있으면 되는 건지 몰라 발신인에게 문의하거나 하지 않아도 될 일을 하는 비효율적인 상황이 발생할 수 있다.

단체 메일을 발송할 땐 숨은 참조

숨은 참조는 받는 사람에게 참조인의 메일 주소가 드러나지 않는 기능이다. 주로 단체 안내 메일을 보낼 때 여러 사람의 정보를 공개하지 않기 위해 사용한다.

[전화 & 이메일]

2 2 배상, 올림, 드림의 차이

Q. 배상이라는 말이 무슨 뜻인가요?
상사의 메일을 전달받았는데, 'OOO 배상'이라고 쓰여 있더라고요. 배상이 무슨 뜻이죠?

A. 배상(拜上)이란 '절하며 올린다'는 뜻입니다.
배상이란 웃어른께 절하며 올린다는 의미로 쓰는 말입니다. 업무상 메일을 쓸 때는 배상과 올림, 드림의 차이를 정확하게 이해하고 사용하는 습관을 들여야 합니다.

웃어른을 존중하는 끝인사 '올림'

OOO 배상, OOO 올림, OOO 드림은 모두 편지 말미에 자기 이름 뒤에 적는 말이다. '배상'이라는 단어는 편지에 쓰던 예스러운 한자어 표현으로 오늘날에는 초대장이나 부고장에 주로 사용하는 가장 정중한 경어다. '올림'과 '드림'은 배상과 같은 의미로 배상은 한자어, 올림과 드림은 순우리말이라는 차이점이 있다. 올림과 드림은 둘 다 상대를 높이는 표현이지만 웃어른을 존중하는 의미를 담은 올림을 동료에게 쓰지는 않는다. 모두 비슷한 의미처럼 보이지만 엄연히 다른 표현이므로 정확한 뜻을 알고 써야 한다.

GUIDE 이메일 작성 가이드

이메일 제목은 메일을 읽지 않고도 내용을 짐작할 수 있게,
내용은 구조화해 작성할 것.

이메일 제목에 '안녕하세요'만 쓰지 않기

　메일 제목만 보아도 내용을 파악할 수 있게 하는 것이 핵심이다. 용건을 말하기에 앞서 간단한 인사말을 쓰는 것은 좋지만 '안녕하세요, 반갑습니다' 같은 인사말로 제목을 대신하는 것은 메일의 목적을 알 수 없어 모호하고 비효율적이다.

꺾쇠괄호 안에 소속 밝히기

　사내용 이메일이면 소속 부서명을, 사외용 이메일이면 회사명을 적는다. 이때 꺾쇠괄호 '[ ]'를 활용하면 효과적이다. 그러면 수신자는 누가, 어떤 내용의 메일을 보냈는지를 한층 더 명료하고 빠르게 파악할 수 있다. 예컨대 '[OO회사 또는 홍보팀] 6월 A 프로젝트 진행 상황 체크 요망' 등의 형태로 작성한다.

수신자를 정확히 알려줄 것

　수신자를 여러 명으로 설정했다면 내용에 각 담당자를 지

정해 요청하는 바를 명확히 언급해야 한다. 그러지 않으면 메일 답장의 책임 소재와 더불어 업무 협조나 담당에도 혼란이 생길 수 있다.

본론은 '인사-전달 사항-요청 사항-맺음말'

메일은 인사, 전달할 내용, 요청할 내용, 맺음말 이 네 개의 구조로 작성한다. 우선 전달할 내용과 요청할 내용은 개조식으로 선언한다. 개조식이란 글을 쓸 때 앞에 번호를 붙여가며 짧게 끊어서 중요한 요점이나 단어를 나열하는 방식을 말한다. 질문이나 답변, 확인 요청 사항이 여러 개라면 이 또한 번호를 붙여 상대가 놓치지 않도록 한다.

이메일 서명 추가하기

맺음말 뒤에 이메일 서명을 추가하는 것은 필수다. 여기에는 효과적인 소통을 위해 연락처와 기본 정보가 포함되어야 한다. 이메일 내용에 이미 소속을 밝혔더라도 서명이 없으면 프로다워 보이지 않을 수 있으므로 주의하자.

✅ **메일을 보내기 전 체크리스트**
- ☐ 받는 사람의 이메일 주소
- ☐ 받는 사람의 직책과 성명
- ☐ 보내는 사람의 회사명과 부서, 직책, 성명
- ☐ 본문의 오탈자
- ☐ 첨부파일

● **회사에서 사용하는 '회사어'**

거래처 사장님께 보내는 메일에 친구에게 쓸 법한 말투는 어색해요.

급한 거 아니니까 천천히 주세요.
→ **시급한 건은 아니니 편하실 때 회신 부탁드립니다.**

윗선에서 결재가 안 나요. 아마 못할 것 같아요.
→ **내부 검토 결과 진행하기 어렵게 되었습니다.**

앗, 첨부파일을 빠뜨렸네요.
→ **첨부파일이 누락되어 다시 송부합니다.**

제때제때 주세요.
→ **일정에 차질이 없도록 원활한 진행을 부탁드립니다.**

지금은 뭐라고 해야 할지 모르겠네요.
→ 현재는 확실한 답변이 어려울 것 같으니 추후 답변드리겠습니다.

다음부터는 확인 잘 해주세요.
→ 추후 동일 건 진행 시 반드시 확인 후 송부 부탁드립니다.

담당자가 아니라서 모르겠는데요.
→ 담당자가 부재중인 관계로 현재 해당 내용 확인이 어렵습니다.

급하니까 빠르게 OO해 주세요.
→ 바쁘시겠지만 OO해 주시기 바랍니다.
→ 협조 부탁드립니다.
→ 조속히 확인해 주시기 바랍니다.
→ 빠른 회신 부탁드립니다.

⊕ PLUS TIP
정중해 보이는 말하기 방법
말끝을 풀어 말하면 정중해 보인다. 예컨대 "언제요?"라고 하지 않고 "언제로 알고 있으면 될까요?"라고 말하는 식이다.

직장 내 센스
밥상에서부터 시작된다!
식사 매너

[점심 & 회식]

Question List

점심을 혼자 먹어도 되나요? 106

수저 세팅, 막내가 해야 하나요? 108

식당에서 제 자리는 어디인가요? 112

회식, 꼭 참석해야 하나요? 114

갑자기 건배사를 시킬 때 116

파인 다이닝 매너 120

[점심 & 회식]

23 점심을 혼자 먹어도 되나요?

Q. 점심은 꼭 같이 먹어야 하나요?
저희 팀은 점심시간이 되면 항상 다 같이 나가 함께 점심을 먹어요. 그런데 사실 저는 혼자 밥 먹는 게 편하고 좋아요. 이런 생각을 말해도 될까요?

A. 정답은 없어요. 그냥 솔직하게 말하세요.
꼭 회사 사람들과 점심을 같이 먹어야 하는 것은 아니에요. 혼자 먹고 싶거나 다른 개인 사정이 있을 땐 말하는 편이 나아요. 상사나 동료도 개인적인 일을 말하지 않고 애써 함께 점심을 먹는 건 불편할 거예요.

점심시간 활용법
점심시간을 활용해 은행이나 관공서, 병원에 가거나 운동, 낮잠, 독서, 게임 등을 즐길 수 있다. 점심시간을 개인적으로 활용하는 데 너무 눈치를 볼 필요는 없다. 하지만 개인적인 이유로 '혼밥'을 선호하는 것이 동료들에게는 자칫 자신을 싫어한다고 비칠 수 있으니 동료들이 오해하지 않게끔 사실대로 솔직하게 이유를 설명하고 따로 먹겠다고 말하자.

회사 동료 = 식구?

이따금 회사 직원들을 가리켜 '식구(食口)'라고 표현하는 상사들이 있다. 회사 동료들을 밥을 같이 먹는 관계, 즉 가족 같은 친밀한 관계로 생각한다는 뜻이다. 물론 그렇다고 회사 동료가 진짜 가족은 아닌 만큼 적당한 거리를 유지하고 서로의 사생활은 존중해야 한다.

점심때 틈새 보고? OK!

상사와 함께 점심을 먹어야 한다면 진행 중인 업무의 핵심 사항을 공유하거나 잘 풀리지 않는 부분에 대해 조언을 구하자. 모든 업무는 공유가 생명이다. 물론 사람의 성향에 따라 식사할 때 일에 대해 말하는 것을 불쾌해할 수도 있지만, 지레짐작해 아무 말도 안 하는 것보다는 효과적이다.

Z세대의 한마디

밥을 같이 먹는다고 친해지는 건 아니라고 생각해요. 점심시간만큼은 혼자 자유롭게 보내고 싶을 때도 있거든요.

[점심 & 회식]

24 수저 세팅, 막내가 해야 하나요?

Q. 수저 놓기, 누가 해도 상관없는 것 아닌가요?
얼마 전 식당에서 한 선배가 저더러 '수저도 안 놓고 있냐'고 '공주냐'며 한 소리 하더라고요. 꼭 연차 낮은 직원이 수저를 놓아야 한다는 법이 있는 것도 아닌데 말이에요.

A. 수저통 가까이에 있는 사람이 놓으면 되지만….
동료, 선배들과 함께하는 편안한 식사 자리인데 누가 수저를 놓든 대수로운 일이 아니라고 생각할 수 있어요. 하지만 다 함께 식사를 준비하고 있을 때 혼자 가만히 앉아 있지는 않았나요?

> **혹시 내가 이런 유형?**
> 다 같이 식사를 준비하는데 아무것도 하지 않고 가만히 있거나, 말로만 여기저기 참견하는 유형의 사람이 있다. 카페에서 커피가 나온 것을 알리는 진동벨이 울려도, 물컵이 옆에 놓여 있어도, 반찬은 셀프서비스인 식당에서 빈 접시를 보면서도 아무것도 하지 않는 유형의 사람들. 매너 있는 직장인이라면 먼저 일어나 챙기는 모습을 보여야 한다. 다른 사람이 수저를 놓을 때 냅킨을 받쳐주거나, 물컵이 비었을 때 물을 따라

주고 상대의 식사 속도에 맞춰 밥을 먹는 행동 등은 당신을 배려할 줄 아는 사람으로 보이게 할 것이다.

식사 자리에서 휴대폰 사용은 자제해야
식당 테이블에 앉아 누군가 물어볼 때까지 메뉴도 고르지 않고 휴대폰을 들여다본다거나 식사하는 중에도 눈과 손을 휴대폰에서 떼지 못하고 있다면 상대에게 자신과 대화하기 싫어한다는 인상을 줄 수 있다. 이는 직장에서뿐 아니라 일상생활에서도 주의해야 한다.

하찮은 일은 없다
일본 한큐 전철의 창업자 고바야시 이치조는 '신발 정리하는 일을 맡았다면 신발 정리를 세계에서 제일 잘하는 사람이 돼라'고 했다. 그러면 아무도 그 사람을 심부름만 하도록 두지 않는다는 것이다. 허드렛일일수록 먼저 나서서 하면 당신은 일만 잘하는 사람이 아니라 일도 잘하고 인성도 훌륭한 사람으로 보일 확률이 그만큼 높아진다. 그리고 회사는 여럿이 모여 하나의 목표를 달성하고자 하는 곳이기 때문에 중요한 순간에 그런 사람을 더 필요로 한다.

⊕ **PLUS TIP**

식사 자리에서 센스 있어 보이는 행동
☐ 전골이나 탕을 먹을 때 내용물이 고루 섞이도록 국자로 젓기
☐ 반찬이 떨어졌을 때 식당 직원에게 더 달라고 요청하기
☐ 방석을 사용하는 식당에서 상대에게 "방석 드릴까요?"라고 묻기

점심 먹으며 무슨 이야기 할까?
직장인의 '스몰 토크' 이모저모

연차가 낮은 직장인들은 사적인 대화를 어려워하기도 한다.
굳이 사생활까지 말하고 싶진 않지만 그렇다고 아무 말 없이 지내기는
싫은 직장인들의 스몰 토크 아이디어.

7년 차 기술직
ENTJ

동료들과 허물 없이 지내는 편이라 저도 개그를 즐겨 해요. SNS에서 본 웃긴 성대모사를 따라 한다든지, 말장난하며 스트레스를 풀어요. 스몰 토크에서 중요한 건 무리하지 않는, 적당한 거리감을 유지하는 대화인 것 같아요. 옷차림을 보고 '덥지 않아?' '춥지 않아?' 하며 외적인 부분을 언급하거나 애인이나 출신 학교 등 사적인 부분을 묻는 건 자제하는 편입니다.

6개월 차 유통업
INFJ

사람을 많이 만나는 직업을 가졌는데도 스몰 토크는 늘 어려워요. 저는 주로 주변을 잘 관찰하고 상대가 좋아할 것 같은 주제나 변화를 캐치해 말하는 편이에요. 예를 들어 카카오톡 프로필 사진이 여행 사진으로 바뀌었다면 여행과 관련 있는 주제로 이야기하고, 친한 동료라면 화장이나 헤어스타일이 달라졌을 때 예쁘다고 적극적으로 칭찬합니다.

3년 차 사무직
INTP

상사 흉을 반찬 삼아 말해요.(웃음) 이해해 주세요. 이런 식으로라도 풀지 않으면 직장 생활 하기 어려워요. 알면 서운하시겠지만, 부하 직원 입장에서는 해소의 창이라고 생각하고 봐주시면 좋겠어요. 모르긴 해도 상사들도 부하 직원들 뒷담화하며 식사하지 않을까요?

1년 차 에디터
ENFP

업계 이야기? 이런 건 상사나 선배들과 할 때 흥미롭죠. 제가 잘 모르는 다른 경쟁 업체 소식을 들을 수도 있고요. 지금 그 회사 재정이 어떻다더라, 직원을 새로 구했는데 며칠 만에 나갔다더라 하면서요. 동종 업계 사람들만 알 수 있는 정보죠.

2년 차 금융업 사무직
ISFP

매일 뉴스 기사를 정독하고 관련 있는 주제에 대해 얘기해요. 유행하는 예능 프로그램 얘기도 하고요. <유퀴즈 온 더 블럭>에 누구 나왔다더라, 그 배우 이번에 영화 찍는다더라, 영화가 어떻다더라…. 깊은 사생활 이야기는 안 하지만, 흥미로운 주제 위주로 대화하죠.

5년 차 마케터
ENTJ

저희 팀에는 K-팝 팬이 많아서 아이돌이 컴백하면 노래, 무대 이야기를 많이 해요. 어디 가고 싶다, 여행지 이야기도 하고 여행 이야기가 나오면 예전에 가본 여행지 사진을 서로 보여주며 그때를 추억하고 숙소 정보를 공유하기도 하고요.

[점심 & 회식]

25 식당에서 제 자리는 어디인가요?

Q. 식당에서 상석은 어디인가요?
며칠 전 팀 회식이 있었습니다. 제가 가장 먼저 식당에 도착했는데 어디에 앉아야 할지 고민되더라고요. 쭈뼛거리다 가장 안쪽에 들어가 앉았는데, 제가 잘한 걸까요?

A. 출입구에서 가장 안쪽 자리는 대개 상석입니다.
상석은 대개 출입구에서 가장 먼 쪽, 출입구 맞은편인데요, 식당에서도 가장 안쪽 자리가 상석이에요. 다만 상석은 상황이나 장소에 따라 달라지기 때문에 잘 모르면 상사나 선배에게 먼저 상급자의 자리를 물어본 뒤 자기 자리를 찾는 방법이 안전하겠지요.

> **상석 매너는 어디에나**
> 상석이 어느 한 곳에만 한정돼 있는 건 아니다. 회의실, 택시, 엘리베이터 등 다양한 장소별로 상석이 다르고 같은 장소라고 해도 그때그때 상황에 따라 달라진다. 예컨대 보통 상석으로 알고 있는 식당 가장 안쪽 자리에 창이 있어 전망을 등지고 앉아야 하거나 햇빛이 워낙 강해 눈이 부시다면 맞은편 자리가 상석이 된다.

식당의 상석

일반 식당의 상석
보통 실내에서는 출입구 쪽이 말석이며 출입구에서 먼 쪽이 상석이다. 식당에서 반찬이 떨어지는 등 움직여야 할 경우 말석에 앉은 사람이 이동하기 편하기 때문이다.

6명 이상 모인 회식 자리나 룸 형태 식당의 상석
이때는 상급자를 가장 안쪽에 안내하지 않는다. 중앙에 최상급자를 앉히고 맞은편에는 그와 대화를 가장 많이 나누는 상사가 앉는 것이 일반적이다.

[점심 & 회식]

2 6 회식, 꼭 참석해야 하나요?

Q. 전 술도 잘 못 마시는데, 회식에 빠지면 안 되나요?
회식에 꼭 참석해야 하는 건지 모르겠어요. 참석하지 않으면 모두에게 찍히지 않을까 고민되고, 회식을 왜 하지 싶을 때도 많아요.

A. 그래도 연례 회식은 참석하는 것이 좋아요.
아무 이유 없이 만나서 노는 자리도 있겠지만, 조직 문화에서는 좀 더 유연한 관계를 맺기 위해 회식도 필요합니다. 공식 행사는 1~2주 전에 공지하니 미리 시간을 비워두는 것은 어떨까요? 만약 갑자기 잡히는 '번개' 스타일 회식이라면 굳이 참석하지 않아도 되겠죠. 물론 직장 내 역사는 그런 친목 자리에서 이뤄지니 선택은 당신의 몫입니다.

회식 자리 활용하기
상사, 동료들과 호흡을 맞추는 데 대화만큼 좋은 것이 없다. 하지만 우리에겐 주어진 일이 많아 업무 중에는 마음속 이야기를 할 틈이 없다. 평소 자기 할 일을 잘하면서 동료들에게 다가가 대화를 주도하고 어려운 일이 있을 때 상사에게 적극적으로 표현하는 사람이 아니라면 회식 자리를 활용하자. 일하면서 난처했던 경험이나 요즘 드는 고민을 허심탄회하게 털어놓고 조언을 얻는 기회로 삼는 것이다.

○○○ 술자리 매너

① 술을 따를 때는 양손으로
회식 자리에서 첫 잔을 따르는 것은 회식의 상급자 역할이다. 괜히 나서지 말 것. 또 누군가에게 술을 권할 때는 꼭 양손으로 따른다. 술병의 상표를 가려 잡는 것이 예의라는 의견도 있다. 술을 따를 때는 첨잔하지 말고, 술이 남아 있을 때 누군가가 술을 권하면 잔을 비우고 받는 것이 매너다.

② 술잔을 부딪칠 때는 아래로
건배할 때는 웃어른보다 약 1cm 낮은 위치에서 잔을 부딪치고 고개를 한쪽으로 돌리고 마신다. 술을 못 마시는 상황이라면 잔을 바로 내려놓지 말고 술잔에 입술을 살짝 댔다가 떼기라도 하자.

③ 과음은 금물
최악의 실수는 만취해 난동을 부리는 것이다. 취업 포털사이트 커리어에서 직장인 551명을 대상으로 실시한 설문조사 '회식 자리에서 가장 꼴불견인 사람'에서 '술에 취해 인사불성인 사람'(25.9%)이 1위를 차지했다. 당사자의 이미지뿐 아니라 팀 전체의 이미지에도 나쁜 영향을 미친다. 다른 사람에게 폐를 끼칠 정도로 과음하는 것은 자제하자.

⊕ PLUS TIP
회식에 불참해야 할 때는
개인적인 이유로 회식에 불참하더라도 팀의 분위기가 성과를 좌우하는 만큼 부정적인 영향을 끼치는 언행은 삼가자. '원래 회식을 좋아하지 않는다', '그냥 가기 싫다'는 등의 말은 하지 않는 편이 낫다.

[점심 & 회식]

2 7 갑자기 건배사를 시킬 때

Q. 회식 자리에서 갑자기 건배사를 시켰어요.
입사한 지 얼마 안 된 신입 사원입니다. 회사에서 배울 것도 많고 적응하기도 바쁜데 회식 자리에서 갑자기 건배사 제의를 받았어요. 제가 당황해서 어찌할 바를 모르는 바람에 분위기가 어색해졌습니다. 그럴 줄 알았으면 미리 생각해 보고 갈 것을, 후회가 되네요.

A. 건배사에 큰 의미를 두지 않아도 괜찮아요.
사실 건배사 하는 것은 나이 든 사람도 좋아하지 않습니다. 그래도 분위기를 띄우거나 주목해야 할 때 필요하긴 하죠. 건배사를 시키는 상사들이 당신에게 대단한 센스나 유머를 바라는 것도 아닙니다. 무슨 말을 하든 좋아할 거예요. 자신감을 갖고 외쳐보세요.

> **메시지보다 용감하게, 씩씩하게**
> 건배 제의를 받았다면 쭈뼛대더라도 웃으며 감사 인사부터 하자. "안녕하세요, OOO입니다. 먼저 건배사를 제안해주신 부장님께 감사 인사를 드립니다"라고 말한다. 이후 술잔이 빈 사람들을 위해 앞에 놓인 술잔을 채워달라고 부탁한 뒤 무슨 말이라도 외치자. 멋쩍어도 10초만 견디면 된다.

센스 있는 건배사

건배사는 거창할 필요 없고, 준비하지 못 한 티가 나도 괜찮다. 잘 모르겠으면 삼행지 건배사를 몇 개 알아두었다가 짧지만 임팩트 있게 외치면 된다.

많이 회자되는 건배사 삼행시

호응을 얻기 쉬운 삼행시 건배사를 알아두자.

- **청** 청춘은
- **바** 바로
- **지** 지금

- **마** 마음먹은 것은
- **무** 무엇이든
- **리** 이루자

- **그** 그래!
- **래** 내일 또
- **도** 도전해 보자

- **진** 진하고
- **달** 달콤한
- **래** 내일을 위하여

- **사** 사랑을
- **이** 이 술잔에 담아
- **다** 다 함께 원샷

- **뚝** 뚝심 있게
- **배** 배짱 있게
- **기** 기운차게

- **아** 아름다운
- **우** 우리의
- **성** 성공을 위하여

- **마** 마주 앉은
- **당** 당신의
- **발** 발전을 위하여

주의 분위기를 띄우고 싶은 마음에 성적 수치심을 유발하는 외설적인 건배사를 하면 오히려 마이너스다.

GUIDE 파인 다이닝 테이블 가이드

조찬 모임이나 기업 행사를 할 때 한 번은 경험하게 될 파인 다이닝식사.
품격 있는 사람으로 보이려면 테이블 매너를 미리 익혀두자.

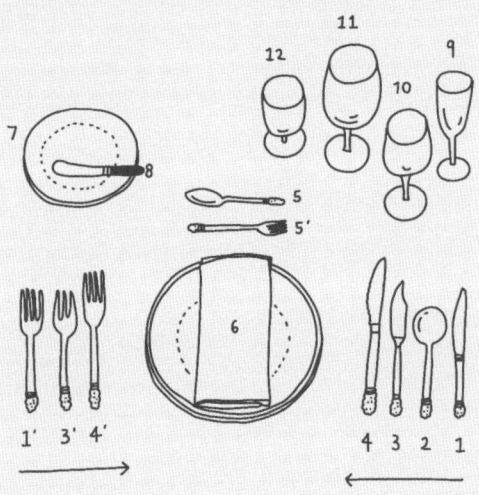

1&1'	전채 요리 나이프 & 포크(appetizer knife & fork)	7	빵 접시(bread plates)
2	수프 스푼(soup spoon)	8	버터 나이프(butter knife)
3&3'	생선 요리 나이프 & 포크(fish knife & fork)	9	샴페인 플루트 잔(champagne flute glass)
4&4'	고기 요리 나이프 & 포크(steak knife & fork)	10	화이트 와인 잔(white wine glass)
5&5'	디저트 요리 나이프 포크(dessert knife & fork)	11	레드 와인 잔(red wine glass)
6	냅킨(napkin)	12	물잔(water glass)

1&1'	샐러드 포크와 나이프. 가장 먼 곳에 있는 포크와 나이프다. 크기가 가장 작고 가볍게 쓰는 것이 목적이다.
2	수프 스푼. 스푼 가운데에서 약간 위쪽 부분을 펜을 쥐듯 가볍게 잡는다.
3&3'	생선 요리용 포크와 나이프.

> **TIP** 생선 요리가 나왔을 때는 윗부분을 먼저 먹고 포크와 나이프로 뼈를 바른 다음 아랫부분을 먹는다. 그래야 한쪽 면을 다 먹고 뒤집다가 소스가 튀거나 접시 밖으로 생선이 튀어나가는 불상사를 막을 수 있다.

4&4'	고기 요리용 포크와 나이프. 샐러드용 포크, 나이프에 비해 크고 뾰족하고 예리해 메인 요리용이라는 것을 금방 알아챌 수 있다.
5&5'	디저트 요리용 포크와 나이프. 디저트 요리용 식기는 접시 위에 가로로 놓여 있다. 보통 식사가 끝난 뒤 디저트를 먹기 위한 세팅을 하는데, 어느 정도 규모가 큰 연회에서는 디저트용 스푼, 포크가 함께 세팅되어 있기도 하니 알아두자.
6	냅킨. 보통 무릎 위에 올린다. 테이블에 앉았을 때 음식물이 떨어져도 옷에 묻지 않도록 해주며, 식사하며 입 주변을 정리하는 용도로도 사용한다.
7, 8	빵 접시와 버터 나이프.
9, 10, 11, 12	샴페인 잔, 화이트 와인잔, 레드 와인잔, 물잔. 아마도 웨이터가 와인은 와인 잔에, 물은 물잔에 알아서 따라주기 때문에 헷갈리지 않을 것이다.

> **TIP** 왼쪽의 빵, 오른쪽의 물이 자기 것이다. '좌빵 우물'로 기억하면 쉽다. 옆 사람의 물을 마시지 않도록 주의할 것.

[점심 & 회식]

2 8 파인 다이닝 매너

Q. 레스토랑에서 웨이터를 부르면 안 되나요?

얼마 전 연례행사 후 임원분들과 디너 코스로 유명한 레스토랑을 가게 되었어요. 주문하려고 웨이터를 부르자 모두 저를 쳐다보더라고요.

A. 네, 레스토랑에서 큰 소리로 웨이터를 부르는 건 매너에 어긋나는 행동이에요.

혹시 큰 소리를 내지는 않았나요? 고급 식당에서 웨이터를 부를 때 큰 소리를 내거나 손뼉을 치는 건 올바른 매너가 아니에요. 지나가는 웨이터와 눈을 마주치면 자연스럽게 테이블로 올 거예요.

도착하면 웨이터의 안내를 기다리기

문을 열고 마음대로 자리를 찾아 들어가 아무 곳에나 앉는 것은 올바른 매너가 아니다. 웨이터가 가까이 왔을 때 예약자의 이름을 대면 준비된 테이블로 안내해 준다. 식당을 예약할 때 자신의 이름보다 회사, 부서 또는 호스트의 이름으로 예약하는 편이 낫다. 재무팀 등 부서 이름으로만 예약할 경우 다른 회사와 구분하기 어려우므로 회사 이름도 함께 말할 것.

메뉴를 주문할 때

식사 자리에 초대받은 경우에 가장 비싸거나 제일 저렴한 음식은 주문하지 않는 것이 상대에 대한 배려다. 상대에게 지나친 부담을 주거나, 상대를 무시하는 행동으로 보일 수 있기 때문이다. 적당한 금액의 음식을 주문한다.

파인 다이닝에서 웨이터를 대할 때

웨이터가 있는 파인 다이닝 레스토랑에서는 그에 걸맞은 매너를 지키자. 웨이터를 부를 때는 눈을 맞추고, 여의치 않다면 살짝 손을 들어 부르면 된다.

식사 중 포크나 나이프를 바닥에 떨어뜨렸을 때

음식을 먹다가 포크나 나이프를 바닥에 떨어뜨렸다면 직접 줍지 말고 웨이터를 불러 다른 것을 가져다달라고 요청한다. 바닥에 떨어진 것을 주우려고 의자를 뒤로 밀다가 소리가 나거나 테이블에 머리를 부딪히는 등 사고가 날 수 있기 때문이다.

팔꿈치를 테이블에 올리는 것은 비매너

포크나 나이프를 쥔 채 팔꿈치를 테이블 위에 올려놓는 경우가 있는데 이런 행동은 상대에게 좋지 않은 인상을 준다. 식사할 때는 기본적으로 팔꿈치를 내리고 식사 도중에 나이프나 포크를 손에서 놓았을 때는 자연스럽게 팔꿈치를 올려 상대와 대화하면 편안해 보일 수 있다.

[냅킨 사용법]

냅킨 사용에도 매너가 있다.

식사 전

모든 사람이 자리에 앉은 다음에 편다.
모임에서 가장 연장자가 먼저 냅킨을 펴면 나머지 사람이 따라 편다.

냅킨을 놓는 방법

반으로 접힌 방향이 몸 쪽으로 오도록 해 무릎 위에 올린다. 상황에 따라 접힌 부분을 펼쳐 놓기도 한다.

주의할 사항

냅킨은 음식물이 옷에 묻지 않도록 하는 용도이므로 되도록 목에 두르지 않는다. 다만 흔들리는 비행기 안에서는 목에 둘러도 된다. 냅킨으로 땀을 닦거나, 코를 풀거나, 나이프나 포크를 닦는 것도 올바른 매너가 아니다.

식사 중 잠시 자리를 비울 때
냅킨은 적당히 접어 의자 등받이에 걸쳐놓고 나간다.

냅킨을 바닥에 떨어뜨렸을 때
허리를 숙여 집지 말고 웨이터에게 다른 것을 요청한다. 의자를 뒤로 밀다가 소리가 나거나 냅킨을 집어 올리다가 뒤통수가 테이블에 부딪히는 불상사가 생길 수 있다.

식사 중
식사 중에는 항상 냅킨을 무릎 위에 올려놓는다. 잠시 일어나 누군가에게 인사를 해야 하는 경우가 생기면 냅킨을 살짝 쥔 채 일어서면 된다.

식사를 마친 뒤
냅킨을 살짝 접어 테이블 위에 올려놓는다.

직장 생활을 순진하게 하셨군요.
전략이 필요한 순간의 대처법

[처세]

Question List

큰 실수를 한 것 같은데, 이를 어쩌죠? 126

딱 5분 늦을 것 같을 때 128

부정적인 피드백에 핑계 대듯 말하지 않는 법 132

타 부서의 협조를 받고 싶을 때 어떻게 해야 하나요? 134

은근슬쩍 공을 가로채는 선배, 현명하게 일한 티 내는 법 136

[처세]

29 큰 실수를 한 것 같은데, 이를 어쩌죠?

Q. 실수했는데, 보고하기 겁나요.

경영지원팀에서 근무하고 있는 1년 차 사원입니다. 며칠 전 신규 업체와 계약을 체결했습니다. 그 후 지난 서류를 정리하다가 계약서 원본을 이면지와 함께 파쇄기에 갈아버렸어요. 청소업체에서 이미 파쇄된 여러 문서를 섞은 것 같아요. 오늘 대표님께 결재를 올려야 하는데, 이 일을 어떡하면 좋을까요?

A. 두려워 말고, 숨김 없이 상사에게 말해야 합니다.

너무 겁먹지 말고 상사에게 서둘러 보고하세요. 당신 혼자서는 문제를 해결할 수 없을 테니 실수를 인정하고 도움을 청해야 해요.

> **한시라도 빨리 보고해라**
>
> 괜찮다. 실수했다고 너무 자책하지 말자. 상사에게 보고하고 대안을 찾아라. 실수를 떠안고 전전긍긍하다 보면 주체하지 못할 상황만 닥칠 뿐이다. 혼자 해결하고 지나가려는 생각은 하지 않는 게 좋다. 덮어둔 문제는 지금 당장이 아니더라도 언젠가, 반드시 드러난다. 실수를 알아챈 즉시 상사에게 보고하고 도움을 청하는 것이 현명한 방법이다.

당신의 실수, 상사는 이미 겪었을 수도

상사는 오랜 시간 직장 생활을 하며 다양한 일을 겪었다. 당신이 왜 실수했는지, 어디서부터 잘못되었는지, 아마도 알고 있을 것이다. 상사 앞에서 다른 사람의 책임으로 돌리거나 타 부서의 무능을 탓하는 언행을 보이는 것은 좋지 않다. 당신의 실수에 타당한 이유가 있다는 것을 어필하고 싶겠지만 그럴수록 당신의 이미지만 나빠질 뿐이다.

꾸중과 피드백 구분하기

업무와 관련해 지적을 받았다면 속상한 마음에 언짢은 표정을 짓거나 억울해하는 언동은 삼가자. 감정은 배제하고, 상사가 당신의 더 나은 모습을 위해 피드백한 것이라고 생각하자. '괜히 싫은 소리를 한 것'이 아니라 어디가 잘못되었는지 짚어주고 앞으로 나아갈 방향을 알려준 것이라고 말이다. 상사의 지적을 잔소리로 생각한다면 그가 하는 모든 말이 스트레스로 다가와 당신이 더욱 힘들어질 것이다. 실수는 누구나 한다. 실수를 어떻게 해결하느냐가 앞으로 당신의 직장 생활을 결정한다.

⊕ **PLUS TIP**

실수했을 때 생각해야 할 질문

[원인] 무엇이 문제였는가?
[대처 1] 내가 생각한 최적의 솔루션은 무엇인가?
[대처 2] 상사가 도와주어야 하는 부분은 무엇인가?
[대처 3] 어떻게 하면 다시는 이런 실수를 하지 않을 것인가?

[처세]

30 딱 5분 늦을 것 같을 때

Q. 회사에 5분 정도 지각할 것 같은데, 꼭 알려야 하나요?
매일 출근길에 타던 버스를 놓치는 바람에 5분 정도 지각할 것 같아요. 상사한테 보고해야 할까요?

A. 네, 보고해야 합니다.
오전 8시 58분, 59분, 9시를 2~3분 남긴 시간에 아직 사무실에 도착하지 못했다면 지각이죠. 고작 5분 남짓한 시간일 뿐인데, 상사에게 지각한 사실을 알려야 할지 말아야 할지 고민되겠지만 지각을 예상하는 순간 바로 보고하는 것이 직장 매너의 기본입니다.

단 5분 늦어도 보고하기
당신은 아마도 출근 시간 30분 전 지각을 직감할 것이다. 이때 보고해야 할지, 말하지 않고 전력 질주해 5분 이상 늦지 않게 출근해야 할지 고민된다면 상사에게 지각 사유를 솔직히 말하는 편이 좋다. 혹시 회사에 일이 생겨 출근하기 전부터 당신을 기다리는 동료나 업무가 있을지 모른다. 오전 9시가 되기만을 기다리는 거래처 담당자의 전화가 사무실로 걸려올 수도 있다.

9시 1분은 9시가 아니다

(주)우아한형제들의 일종의 조직문화 강령에는 '9시 1분은 9시가 아니다'라는 문구가 있다. 오전 9시가 넘으면 1분일지라도 지각이라는 말이다. 1~2분의 중요성을 아는 것과 모르는 것은 큰 차이다. 시간 약속에 대한 태도는 어쩌면 화려한 언변보다 당신에 대해 더 많은 것을 말해준다.

지각 보고는 겸손하고 분명하게

지각을 보고한 후 사무실에 도착해서는 상사 앞에 가서 사유를 겸손하고 분명하게 말해야 한다. 이때, 첫 마디는 사과여야 한다. 이유나 변명부터 하는 것은 예의가 아니다. 습관적으로 지각하는 것이 아니라면 크게 주눅 들 필요는 없지만 "늦어서 죄송합니다"라는 말로 시작하자.

⊕ PLUS TIP

상사의 질책이 따르는 보고

"거의 다 왔어요" 혹은 "곧 도착합니다" 하는 식의 모호한 보고
→ **"10분 뒤 도착 예정입니다"라고 정확한 시간을 말하자.**

"지하철이 연착되어서" 등 금방 들통날 거짓말을 핑계 삼는 것
→ **"어제 과음해 늦잠을 잤습니다. 죄송합니다"라고 솔직하게 말하자.**

"늦을 것 같아요"라는 통보식 문자
→ **상황에 따라 다르지만 긴급히 전달해야 할 경우 문자보다는 전화로 상황을 설명하는 것이 좋다. 상사마다 간단한 보고는 문자를 선호하는 경우도 있으니 융통성 있게 대처하는 것이 좋다.**

지각 보고 문자에 덧붙이는 슬픈 이모티콘
→ **문자로 보고할 경우 지각 사유를 정중하게 설명해야 한다.**

 **사과 가이드**

잘못을 알아차린 즉시, 가정하지 않고, 책임을 인정해라.
이후 같은 잘못을 반복하지 말 것.

바로 사과할 것

사과의 진정성은 시간이 지날수록 옅어진다. 잘못을 저질렀다면 곧바로 사과해야 한다. 미안하다고 말하기 힘들어 잘못을 저지른 후 시간만 흘려보낸다면 결국 당신만 손해다.

사실을 있는 그대로 언급할 것

사과의 내용은 구체적이어야 한다. 어떤 점이 잘못되었는지도 명확하게 말해라. 전제를 달거나 핑계 대지 않는다. "그럴 의도는 아니었지만", "기분 나빴다면 미안합니다"라는 식의 말은 감정의 책임을 상대에게 넘기는 화법이다.

같은 잘못을 두 번 이상 반복하지 말 것

당신이 잘못을 인정하고 사과하더라도 상대와 관계가 즉시 나아질 것이라는 기대는 하지 않는다. 사과를 받아주지 않는다고 억울해하기보다는 잘못을 두 번 반복하지 않는 것이 훨씬 중요하다. 예를 들어, 당신이 선배에게 불손하게 말한 부분을 사과했다면 다시는 같은 행동을 보이지 말아야 한다.

GUIDE 감사 가이드

다른 사람들에게 아부하는 것처럼 보일까 봐 상대에 대한 호의를 숨기지 말 것. 감사한 마음은 아무리 표현해도 지나치지 않다.

구체적으로 감사할 것

"알려주신 대로 업무를 처리하니 속도도 나고 실수도 훨씬 덜하게 되더라고요. 정말 감사합니다"라고 구체적인 상황을 언급하며 감사를 표현하자. 상사가 바라는 최고의 그림은 말보다 조언을 받아들이고 한층 성장하는 당신이다.

호의를 숨기지 말 것

호의를 숨기지 마라. 이건 감사를 표현하는 방법이자 나 자신의 가치를 높이는 방법이기도 하다. 누군가 도와주는 사람이 있다는 사실을 알리는 것, 감사한 일에 감사하다고 말하는 것은 당연한 일이다.

적극적으로 표현할 것

걱정하지 말고 소소한 것이라도 진심을 담아 표현하자. 문자나 작은 쪽지 등 마음을 표현하는 것이면 된다. 당신이 책상 위에 놓아둔 커피와 마음을 담은 작은 쪽지는 지친 그의 일상에 큰 힘이 되어줄 것이다.

[처세]

31 부정적인 피드백에 핑계 대듯 말하지 않는 법

Q. 입장을 설명한 것뿐인데 핑계 대는 사람이 됐어요.

팀장님께서 콘텐츠 발행 업무를 지시하셨어요. 제 나름대로 아이디어를 내가며 준비해 결과물을 팀장님께 보여드리자 왜 이렇게 했느냐며 지시한 내용과 다르다고 하시더라고요. 제가 그렇게 한 이유를 설명했는데 그렇게 일할 거면 혼자 일하라는 질책만 받았어요. 심장이 쿵쾅거려 황당해하다가 자리로 돌아왔습니다.

A. 자신의 화법을 되돌아봅시다. 변명하는 듯한 말투를 사용하고 있는 건 아닐까요?

부정적인 피드백을 받았을 때 사실관계를 정정하는 것이 아닌, 개인의 판단을 피력하는 건 변명조로 들리기 쉽습니다. 부정적인 의견을 들었다면 담백하게 인정하고 받아들이는 태도를 보인 다음 자신의 의견을 말해보세요.

> **'그게 아니라요', '근데요'라고 시작하는 것은 금물**
> 직장 상사가 당신을 오해하고 있다고 해도 얼버무리며 말을 시작하는 것은 좋지 않은 습관이다. 여기에 한술 더 떠 '오해하신 거고요' 등 억울한 기분을 드러내는 말투도 최악이다.

포커페이스를 유지할 것

부정적인 반응에 기분이 상했거나 억울해도 화나거나 황당한 표정은 드러내지 말아야 한다. 기분이 나쁘더라도 상사의 피드백을 메모해 가며 열심히 듣는 척이라도 하자. 상사의 의견을 신중하게 듣고 있다는 신호를 보내는 것이다. 그리고 야단맞는다고 그 자리에서 울지 말자. 다시 말하지만, 회사는 학교가 아니다.

지적받은 후 오히려 감사하는 태도

상사의 의견을 다 듣고 나서 잘 이해되지 않은 부분은 질문하되, 일단 상대의 피드백에 감사를 표하자. 나아가 그 피드백으로 업무 완성도가 훨씬 높아졌다는 메시지를 보내면 오히려 전화위복이 된다. 예를 들어 "지적해 주신 부분을 고쳐서 업무 성과가 훨씬 높아졌어요. 팀장님 덕분입니다."라고 말하는 것이다. 당신을 보는 상사의 시선이 조금 더 부드러워질 수 있다.

⊕ PLUS TIP
상사에게 변명조로 들리기 쉬운 말
"제 말은 그게 아니라…"
"잘못 이해하신 것 같은데…"
"(A를 시키셨지만) 제 생각에는 B가 맞는 것 같아서…"
"(지시한 것) 하려고 했는데 다른 일이 많아서…"
"하긴 한 건데…"

[처세]

타 부서의 협조를 받고 싶을 때 어떻게 해야 하나요?

Q. 타 부서에서 비협조적으로 나올 때 어떻게 해야 하나요?

기획팀에서 근무하는 막내 사원입니다. 저희 팀 공식 계정을 운영해 보자는 팀장님의 제안에 마케팅팀 대리에게 기획팀 SNS 계정을 개설해 달라고 부탁했어요. 그런데 귀찮은 티를 내면서 협조를 안해 주네요. 어떻게 해야 할지 모르겠어요.

A. 이럴 때 커뮤니케이션 능력이 필요해요. 메일이나 메신저로만 요청해서는 적극적인 협조를 얻기 어려울 수 있어요.

상황을 구체적으로 설명한 뒤 커피라도 한잔 사 들고 직접 찾아가서 목적과 필요성을 설명해 보세요. 간단히 처리할 일이 아니라면 부서장에게 협조를 요청하는 것이 효과적이기도 합니다.

> **협조가 필요하다면 더 적극적으로 대응하기**
>
> 강력하게 요구하기보다는 경우에 따라 융통성 있는 소통으로 원하는 바를 이끌어내는 것이 현명하다. 업무를 진행하는 배경을 설명하고 도움이 필요하다며 적극적으로 협조를 구하자. 메일이나 SNS 메신저로 요청하기보다 직접 대면하고 말

하는 것이 좋다. 상대의 표정과 비언어적 행동을 파악해 적절하게 대화를 이끌어가자. 또 타 부서에서 과업을 수행하는 데 불편이 있는지, 있다면 개선할 방법이 있는지 논의해도 좋다.

잘못된 부탁 방법은 "이렇게 하라고 하셔서요"
상대가 납득할 수 있도록 명확한 이유를 들어 설명했는지 되돌아보자. 만약 자신도 어떤 이유에서 요청하는 것인지 모른다면 상사나 선배에게 구체적인 배경을 물어봐야 한다. "이유는 모르겠어요", "하라고 하셔서요" 같은 답변은 무능력해 보일 뿐 아니라 반감을 살 수 있다.

최악의 대처는 "팀장님, 안 된다는데요"
만약 비협조적으로 나온다면 스스로 대책을 강구한 후 다시 요청해 보자. 그래도 안 된다면 상사에게 도움을 요청하라. 업무를 지시한 상사가 진행 상황을 물었을 때 "아, 그거 안 된다는데요"라고 대답하는 것은 스스로 자신은 일을 잘 못하는 사람이라고 이야기하는 것과 같다. 먼저 보고하지도 않았고, 해결 방안도 생각하지 않는다는 점에서 말이다.

평소 협조적인 태도 보이기
누군가 부탁하면 자신이 할 수 있는 범위 내에서 흔쾌히 도와주자. 타 부서와 필요한 정보를 부지런히 공유하는 것은 회사에서 도움이 되는 사람으로 평판이 나 좋은 이미지를 만드는 데 유리하게 작용할 수 있다.

[처세]

33 은근슬쩍 공을 가로채는 선배, 현명하게 일한 티 내는 법

Q. 제 노력으로 판매 목표를 달성했는데, 선배가 숟가락을 얹어요.
지난달 내내 혼자 기획, 영업, 판매까지 열심히 뛰어다닌 덕에 드디어 목표를 달성했어요. 평소에 닦달만 하던 선배가 이 사실을 알고는 냉큼 본부장님께 달려가 '우리'가 이만큼 해냈다고 자랑하듯이 보고하더라고요.

A. 다른 선배에게 조언을 구해 적극적으로 대응하거나, 실제로 도움 받은 것이 전혀 없는지 되돌아보세요.
일본 이토추 상사 회장을 지낸 기업가 니와 우이치로는 능력은 타인이 평가하는 것이지, 자신이 평가하는 것이 아니라고 했습니다. 실적을 달성할 수 있었던 요인이 온전히 자신만의 노력 때문인지 다시 한번 돌아볼 필요가 있어요.

> **아직 배울 것이 많은 사원이라면, 선배의 공으로 돌리기**
> 그들이 원하는 것을 파악해 들어주는 것도 현명한 방법이다. 오히려 "OO건은 대리님이 아이디어를 제시해 준 덕분에 잘 마무리할 수 있었습니다"라며 상대를 추켜세우는 것이다.

참지 말고 적극적으로 대응하기

매번 공을 가로채는 선배에게 눌려 있는 것도 바람직한 직장 생활이라고 할 수 없다. 프로젝트를 진행하는 동안 진행 과정을 대면으로 보고하든지 이메일 등으로 업무의 진행 상황을 공유해 동료와 상사에게 자신의 성과임을 은근슬쩍 알리며 실무자가 누구인지 드러나게 하는 것이다. 어필하는 것도 능력이다.

다른 선배에게 조언 구하기

그 선배가 사실 당신 말고도 남의 아이디어를 자신이 낸 양 브리핑하는 얌체인지, 아니라면 본인이 오해하고 있는 것은 아닌지 다른 선배에게 상황에 대한 조언을 구하자. 이때는 선배를 험담하는 것처럼 들리지 않게 자신의 감정을 다듬어 설명하는 것이 포인트다. 그리고 성과가 온전히 나의 공인 것 같아도 누군가의 도움 없이 되는 일은 없다는 점도 반드시 명심할 것.

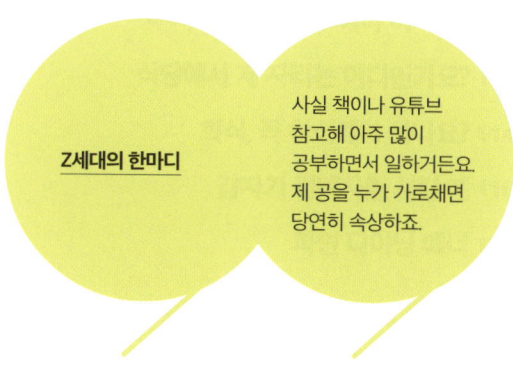

Z세대의 한마디

사실 책이나 유튜브 참고해 아주 많이 공부하면서 일하거든요. 제 공을 누가 가로채면 당연히 속상하죠.

쉬어야 할 때를 알고
떠나는 자리를 책임지는
당신의 배려

[연차 & 퇴사]

Question list

마음대로 연차 쓰면 안 되나요? 140

당일 연차 사용할 때 문자로 말해도 되나요? 142

아무도 모르게 퇴사하면 안 되나요? 144

[연차 & 퇴사]

34 마음대로 연차 쓰면 안 되나요?

Q. 연차는 눈치 안 보고 쓰고 싶은데 왜 눈치를 주는 걸까요?

아무 때나, 쉬고 싶을 때, 금요일이나 샌드위치 데이나 마음대로 쉴 수 있는 것 아닌가요?

A. 네, 맞아요. 개인적으로 쓰고 싶을 때 얼마든지 쓰세요.

일정을 체크한 후 특이 사항이 없다면 당당하게 연차를 쓰세요. 물론 팀원들과 일정을 공유하고, 사전에 보고한다면 배려심 있는 사람으로 보일 거예요.

연차는 근로자의 권리

연차는 근로자의 정당한 권리다. 재직 기간이 1년 미만인 신입 사원은 1개월 개근 시 1일의 유급휴가가 따른다. 따라서 입사 1년간은 총 11일의 연차가 법적으로 보장된다. 이후 1년 이상 근무한 근로자에게는 15일 유급휴가가, 3년 이상 근무한 근로자에게는 1년 초과 시 매 2년마다 1일을 가산한 유급휴가가 따른다. 즉 3년 차는 16일, 5년 차는 17일의 연차가 법적으로 보장되어 있으며 가산을 포함한 총 휴가 일수는 25일이 한도다.

연차 쓰기가 왠지 찜찜한 이유

상사와 소통이 제대로 되지 않았을 가능성이 높다. 예컨대 당신이 프로젝트 마감을 앞두고 있는 상황에서 업무를 공유하지 않고 연차를 통보했다고 치자. 상사의 입장에서 생각해 보자. 이렇다 할 보고도 없이 함흥차사더니 갑자기 연차 보고를 한다면 당신이 업무 일정을 제대로 알고 있는 건지, 진행에 무리는 없는지 불안해진다. 상사는 당신의 행동에 날카로운 반응을 보일 수밖에 없다. 일이 순조롭게 진행되고 있다 해도 상사로선 알 길이 없으니 당연한 일이다.

먼저 연차 계획을 물어보는 센스를 발휘하기

별다른 이슈가 없지만 연차를 쓰기 애매하다면 상급자에게 슬쩍 휴가 계획이 있는지 물어보자. 상사의 계획을 들으며 자연스럽게 당신의 이야기를 하는 것도 나름 소통의 스킬이다. 언제, 며칠간 연차를 쓸 계획인지 말했는데 상사가 별다른 코멘트가 없다면 서둘러 연차를 신청하자.

미팅, 회의 등 예정된 일정이 있을 때는 되도록 피하기

연차를 사용하는 것이 아무리 근로자의 권리이더라도 모두가 알고 있는 예정된 이슈나 스케줄을 무시한 채 연차를 사용하는 것은 같이 일하는 동료에게도, 상사에게도 무책임한 인상을 줄 수 있다. 요즘은 공유 캘린더나 결재 시스템을 통해 별도로 보고하지 않아도 연차를 쓸 수 있는 시스템이 갖춰진 것이 일반적이지만, 그래도 서로 일정을 공유할 필요는 있다.

[연차 & 퇴사]

③ ⑤ 당일 연차 사용할 때 문자로 말해도 되나요?

Q. 몸이 아파 급작스레 병가를 내야 하는데 문자로 말해도 되나요?
평소처럼 아침에 일어나 출근 준비를 하려는데 극심한 두통이 몰려와요. 진통제를 먹어도 듣지 않고요. 아무래도 회사가 아닌 병원부터 가야 할 것 같아요. 급하게 당일 병가를 내기로 마음먹었는데, 괜히 눈치가 보여 문자로 말하고 싶어요.

A. 어렵거나 난처한 일은 문자가 아닌 전화로 말해요.
보통 전화로 상황을 보고하는 것이 예의라고 생각하는 상사들이 있습니다. 문자의 경우 일방적으로 통보받는 느낌이라고 해요. 갑자기 출근하지 못할 때처럼 난처한 상황에서는 전화로 감정을 전달하는 것이 효과적이에요. 실제로 문자는 이유와 상황을 구구절절 설명해야 하는 번거로움이 있는 반면 전화는 피드백을 즉시 받을 수도 있고요. 하지만 무엇보다 평소 상사의 성향을 파악해 보고하는 것이 더 현명한 방법입니다.

> **보고는 가능한 한 빨리**
> 사회생활을 얼마 하지 않은 사원들이 흔히 하는 실수가 있다.
> 출근 전에 연락하면 좋아하지 않을 것이라고 생각해 업무 시

작 시간 직전에 결근한다고 알리는 것이다. 그 생각은 오산이다. 애초에 당신은 9시 혹은 10시에 출근하기로 약속했다. 그런데 약속 시간이 다 되어서야 못 가겠다고 한다면 이건 늑장 대응이자 무례다. 회사에 못 가겠다고 판단한 순간 곧바로 상사에게 연락해야 한다. 출근 시간 전에 연락했다고 나무라는 상사는 아마 없을 것이다.

당일 연차 결재 이후
연락을 못할 정도로 몸 상태가 심각한 것이 아니라면 동료에게 연락해 상황을 설명하고, 업무를 부탁한다. 당신이 맡고 있는 업무 가운데 변수가 생기거나 누군가가 자료를 요청할 경우 등에 대비하는 것이다. 보통은 몸이 좋지 않은 당신의 부탁을 뿌리치지 않을 테니 솔직하게 말하자.

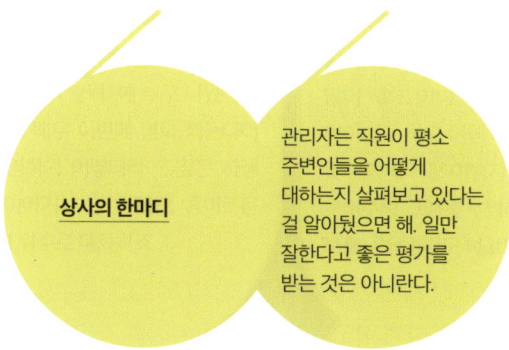

상사의 한마디

관리자는 직원이 평소 주변인들을 어떻게 대하는지 살펴보고 있다는 걸 알아뒀으면 해. 일만 잘한다고 좋은 평가를 받는 것은 아니란다.

[연차 & 퇴사]

3 6 아무도 모르게 퇴사하면 안 되나요?

Q. 무단 퇴사하고 싶어요.
남들 모르게 조용히 퇴사하고 싶어요. 입사한 지 1년도 안 됐고, 붙잡을까 봐 면담하기도 껄끄러워요. 열심히 일했는데 알아주는 사람도 없고요. 마음 같아서는 데이터도 포맷하고 나가고 싶어요.

A. 안 돼요. 여기가 마지막 회사는 아니잖아요.
회사를 벗어나 자유롭고 싶은 마음은 이해합니다. 상사의 갑질에 지쳤을 당신에게 위로를 보내요. 하지만 그 누구도 아닌 당신을 위해서 마무리는 제대로 하고 퇴사하라고 조언하고 싶네요.

퇴사 후, 새로운 길의 시작
최근 들어 이직 시장이 활발해지면서 기업들의 레퍼런스 체크 중요도도 함께 높아지고 있다. 당신이 직장 생활을 얼마나 하든 다음에 입사하는 회사는 당신의 흔적을 찾으려 노력할 것이다. 퇴사하기로 마음먹었다면, 중요한 건 지금부터다. 당신의 삶은 회사 밖에서, 퇴사 후에 이뤄진다. 지금의 회사를 나간다고 끝이 아닌 것이다. 별 탈 없이 직장 생활을 하고 마무리도 깔끔하게 하고 퇴사하면 아무 문제 없다.

레퍼런스 체크(reference check)란

레퍼런스 체크(평판 조회)는 고용 가능성이 높은 기업 지원자의 전현직 회사에 그 사람의 업무 성과, 대인관계 등을 검증하는 절차다. 회사마다 다르지만 최소 2명에서 많게는 5명의 직장 동료를 지정해 인터뷰를 진행한다. 언제, 어떻게, 누구와 하는지 정해진 것이 없기 때문에 평소 태도가 결과를 좌우하는 것이다.

온라인 커뮤니티의 사이다 썰, 과연 현실에서는

못살게 군 상사를 향해 할 말을 쏟아내고 회사를 박차고 나오는 '사이다 퇴사 썰'이 한때 유행했다. 자신이 작업한 엑셀 파일 전부에 암호를 걸고 퇴직한 후 연락을 두절하거나 '도비는 자유예요'라고 적힌 이미지를 회사 컴퓨터 바탕화면으로 설정한 후 퇴사한 사람도 있다. 전자는 회사에서 고소당했고, 후자는 계열사 면접에서 불합격했다고 한다. 사이다 썰이 현실에서도 속 시원하지는 않다.

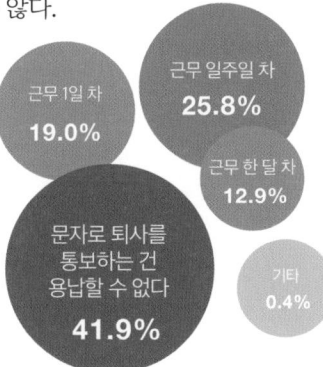

설문조사로 알아보는 상사의 생각

문자로 퇴사를 통보해도 괜찮은 기간은?

싫은 상사 만나고 싶지 않은 마음은 알겠지만 꼭 참고 대면해 퇴사하겠다고 말하는 것이 현명하다.

- 근무 1일 차 **19.0%**
- 근무 일주일 차 **25.8%**
- 근무 한 달 차 **12.9%**
- 문자로 퇴사를 통보하는 건 용납할 수 없다 **41.9%**
- 기타 **0.4%**

GUIDE **퇴사 프로세스 가이드**

퇴사에도 절차가 있다.

① **퇴사 의사 밝히기**
생각보다 많은 사원이 직속 상사를 거치지 않고 인사팀에 퇴사 의사를 밝힌다. 자신과 함께 일하던 후배의 퇴사 소식을 인사팀에서 전해 듣는다면 마음이 어떨까? 아마 서운하고 섭섭한 마음이 들 것이다. 퇴사의 첫 단계는 상사에게 퇴사 의사를 밝히는 것부터 시작한다.

Point 1 퇴사 고지는 소속 부서 팀장 > 인사팀장 > 대표순으로.
Point 2 팀장이 불현듯 당신의 퇴사를 공지하기 전에 함께 일하는 동료에게 미리 퇴사한다고 언질을 주자.
Point 3 소속 부서 팀장과 팀원들에게 퇴사를 알린 후 그동안 협업했던 타 부서 직원들에게도 말하자.

② **면담**
퇴사 의사를 밝혔다면 상사와 면담한다. 회사마다 다르지만 퇴직 절차에 맞는 면담을 한 번 이상 진행하는 것이 일반적이다. 하지만 지레 걱정하지 말자. 퇴사하기로 마음먹었다면 당신의 입장을 명확하게 전달하면 된다. 이때 면담 후 회사와 협의해 퇴

사 의사를 철회하거나 퇴사 일정과 인수인계 기간을 논의한다. 부득이한 경우가 아니라면 본인이 맡은 과업은 마무리하고 퇴사하는 것이 좋다. 한창 진행 중에 담당자가 그만두면 프로젝트가 무산될 수 있기 때문이다. 회사에서 바라는 이상적인 인수인계 기간은 30일이지만 현실적으로 어려운 경우 최소 2주의 기간은 두고 연임자를 구할 수 있도록 하는 것이 퇴사할 때의 매너다.

③ **인수인계**
연임자가 있어 현장에서 인계할 수 있더라도 인수인계서는 별도로 작성한다. 자신의 업무를 문서화하는 것이다. 주요 과업 리스트와 이를 제외한 모든 간접 업무도 작성해야 한다. 가이드와 함께 특이 사항, 참고 사항 등 경중을 나눠 작성하면 센스 있어 보인다. 현재 진행 중인 프로젝트가 있다면 이후 어떤 방향으로 진행하려고 하는지도 함께 써둔다.

④ **사직서 제출**
퇴사 면담 후 인수인계 기간까지 확정했다면 사직서를 작성한다. 사직서는 법적 효력이 있는 문서라는 사실을 명심하자. 종종 홧김에 퇴사 면담 전 사직서를 제출하는 경우가 있는데, 이는 완전한 사직 의사 표시로 간주되어 임의로 철회할 수 없다는 점을 알아두자.

사무실 밖 비즈니스
슬기롭게 헤쳐 나가기 위한
매너 가이드

[미팅·외근 & 조문]

Question List
미팅 완벽 준비법 150
명함은 언제 주고받아야 하나요? 152
외근 후 바로 퇴근해도 되나요? 156
엘리베이터에도 상석이 있나요? 158
택시에도 상석이 있나요? 160
장례식에서 '안녕하세요'라고 인사하면 안 되나요? 162

[미팅·외근&조문]

37 미팅 완벽 준비법

Q. 상사와 함께 가는 첫 대외 미팅, 무엇을 준비해야 하나요?

사수와 함께 클라이언트사의 외부 미팅에 참석하게 되었습니다. 꼼꼼하게 준비해 사내에서 확실히 눈도장을 찍고 싶은 마음이 큽니다. 준비해야 할 것이 있나요?

A. 적극적이면서 진지한 태도만 보여도 충분합니다.

그 외에 미팅 장소를 미리 파악하는 것, 사전 자료가 있다면 미팅에 참여하는 인원수만큼 출력해 정리해 가는 것, 자신을 소개할 수 있는 명함을 준비해 가는 것 정도입니다.

> **사전 자료는 미리 출력하기**
> 미팅의 목적을 파악하고 어떤 자료가 필요한지 살펴보자. 출력해야 한다면 인쇄 미리보기로 확인한다. 예컨대 엑셀을 사용할 땐 [보기]-[페이지 나누기 미리보기] 영역으로 인쇄 부분을 미리 확인한 후 출력하는 것이다. 문서가 여러 장이어서 스테이플러로 묶어야 한다면 아무렇게나 집기보다 반듯하게 정리해 고정하자. 사소해 보이지만 이런 디테일이 모여 당신을 센스 있는 사원으로 보이게 한다.

미팅 시간 10분 전 도착

비즈니스 미팅은 일반적으로 미팅 장소에 10분 전 도착하면 된다. 거래처 회사로 방문할 경우에는 너무 일찍 도착해 담당자에게 연락하면 자신이 하던 업무를 정리하고 당신을 맞이해야 하는 담당자가 부담을 느낄 수 있다. 약속 시간 10분 전 도착하는 것을 목표로 장소와 교통 상황을 계산해 상사에게 알린다. 상사가 당신에게 기대하는 부분은 참신한 제안이나 완벽한 업무 처리 능력이 아니다. 기본적인 시간 엄수, 그에 대한 마음가짐과 진중한 태도면 충분하다.

빔 프로젝터, 구글 미트 등 장비 체크도 필수

미팅할 때 빔 프로젝터를 사용한다면 기기가 정상적으로 작동하는지 테스트해 보고, 원격 미팅이라면 구글 미팅, 줌, 디코 등 프로그램을 미리 설치해 실행해 보자. 공유해야 할 파일이 있다면 창을 띄우거나 파일을 전송해 보는 등 사전에 시뮬레이션을 철저히 한다. 당신이 거래처 회사로 방문하는 경우가 아니라면, 누가 시키지 않아도 미팅 룸에 음료수를 준비해 두는 센스를 발휘하자. 사랑받는 사원이 될 수 있다.

(+) PLUS TIP

미팅 전 PDF 파일 변환하기

iPad를 포함한 애플의 스마트기기에서는 호환 애플리케이션이 없는 경우 MS-Office프로그램이 정상적으로 작동하지 않는다. 미팅 중에 이런 일이 발생하면 곤란하므로 미팅 참석 전에 미리 PDF 파일로 변환하는 걸 추천한다.

[미팅·외근 & 조문]

38 명함은 언제 주고받아야 하나요?

Q. 상대에게 명함을 언제 주어야 할지 모르겠어요.

며칠 후 상사와 함께 거래처 미팅을 하러 가기로 했어요. 미팅 때 쓸 자료와 명함도 꼼꼼히 챙겼고요. 그런데 명함은 언제 주어야 하나요? 인사하고 바로 주면 되나요?

A. 너무 어렵게 생각하지 말아요. 그저 서로 인사한다고 생각하면 됩니다.

명함을 주고받는 행위는 공적인 자리에서 나누는 인사일 뿐이에요. 서로 가볍게 인사를 나누고 자리에 앉기 전이나 음료를 주문하기 전 자연스럽게 명함을 주고받으며 인사할 기회가 마련될 거예요.

명함을 주는 것이 곧 인사

자리에 앉기 전 혹은 처음 만났을 때 인사를 건네는 것이 일반적이다. 명함을 주고받는 것은 인사를 나누는 것과 같으므로 자연스럽게 교환하면 된다. 그렇다고 상대 혹은 본인이 정신없는 상황에 급하게 명함을 내밀 필요는 없다. 만나자마자 반드시 명함을 주고받아야 하는 것은 아니기 때문이다. 혹 건물 밖에서 만나 안으로 들어가야 하는 상황이라면 조용한 자리로 옮긴 후에 명함을 주는 등 상황에 맞춰 유연하게 전달하면 된다.

명함을 내밀면서 인사도 함께
아무 말 없이, 또는 '여기'라며 멋쩍게 명함을 건네는 실수는 하지 말자. 명함을 두 손으로 내밀며 정중하게 인사하고 "OO회사의 OOO라고 합니다"라고 회사명과 자기 이름을 밝힌다. 신뢰를 얻어야 하는 자리에서 자신감은 필수다. 액소니파이의 캐럴 리먼 CEO는 자신감 없는 누군가를 다른 사람이 따를 것이라고 기대하지 말라고 했다.

명함을 받을 때는 공손하게
명함을 건넬 때와 마찬가지로 받을 때도 일어나 두 손으로 받는다. 이때 "반갑습니다"라고 인사하는 것도 좋다. 상대에게 받은 명함은 바로 주머니나 명함 지갑에 넣지 말고 잠시 명함을 들여다보는 성의를 보이자. 상대의 부서나 직위, 성명을 언급하며 대화 중에 실수하지 않도록 한다.

명함을 받고 난 후에는
명함을 주고받고 본격적으로 미팅이 시작되면 명함은 내 오른편에 둬야 한다. 명함을 여러 명과 주고받은 경우에는 직급순으로 배치하거나 가장자리부터 앉은 순서대로 놓는다. 명함을 주고받은 뒤 호칭을 잘못 부르는 건 실례이므로 미팅할 때는 명함을 확인해 가며 진행하는 것이 좋다. 미팅이 끝나면 준비한 명함 지갑에 명함을 넣는다. 만일 명함 지갑을 챙겨가지 못했다면 수첩 사이에 넣어 보관한 후 회의실을 나오면 된다.

명함은 아랫사람이 먼저
보통 명함은 방문자나 아랫사람이 먼저 건넨다. 하지만 반드시 그래야 한다는 법칙은 없으므로 혹 상대가 먼저 명함을 주었다면 이를 받고 자신의 명함을 건네면 된다.

동행이 있다면 상급자를 우선으로
만약 명함을 주어야 할 상대가 2명 이상이라면 상급자에게 먼저 건넨다. 반대로 상사와 동석한 자리에서는 상사가 상대에게 명함을 건네기를 기다린 후 상사를 따라 건네면 된다.

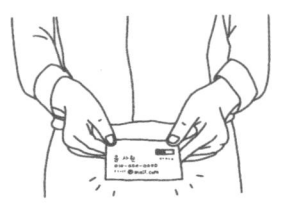

명함 건넬 때 올바른 방향

받는 이가 명함에 적힌
이름과 직함을 바로 읽기 쉬운 방향

명함 건넬 때 잘못된 방향

이름을 확인하기 위해 명함을
돌려 봐야 하는 방향

○○○ 미팅 매너

① 시계를 계속 확인하지 않기
평소 습관적으로 시간을 확인하는 사람이 있다. 미팅 중에도 시계를 자주 들여다보는 경우가 있는데, 조급하고 불안해 보이는 행동으로 상대까지 불안하게 하므로 자제하는 것이 좋다. 무의식중에 휴대폰을 확인하는 행동도 마찬가지다.

② 자리에 앉자마자 목적을 말하지 않기
서로 시간 낭비 없이 원하는 목적을 달성하는 것이 가장 효과적이라는 생각에 곧바로 목적을 이야기하면 상대는 주춤할 수밖에 없다. 만나자마자 본론을 말하는 대신 가벼운 농담을 주고받거나 화젯거리를 이야기하며 경직된 분위기를 푸는 것도 원활한 진행에 도움이 된다.

③ 상대가 회사로 오는 미팅인 경우
자신의 회사로 방문자가 찾아와 미팅 장소로 안내할 때는 출입문을 밀고 먼저 들어간 뒤 문을 잡아주며 안으로 안내하자. 자리에 앉은 후에는 간단히 음료를 권하는 센스를 발휘한다. 자신의 상사가 있더라도 음료를 낼 때는 직급에 상관없이 방문자에게 먼저 주는 것이 올바른 매너다.

⊕ PLUS TIP
실시간 자료를 백업하는 센스
회의를 하다 보면 추가로 더 필요한 자료나 서류 등이 생길 수 있다. 이럴 때 노트북을 가지고 들어갔다면 실시간으로 부족한 자료, 실제 상황 등을 점검해 회의를 보다 알차게 만들 수 있다. "팀장님, 제가 찾아볼게요!" 하며 센스를 발휘할 타이밍을 제대로 잡아보자.

[미팅·외근&조문]

39 외근 후 바로 퇴근해도 되나요?

Q. 외부 미팅이 끝나면 사무실에 들어가기 싫어져요.

외근 후 사무실에 다시 들어가면 무척 지칩니다. 퇴근하고 싶은 마음이 굴뚝같은데 먼저 퇴근하라고 하지는 않네요. 혹시 제가 먼저 외근 후 퇴근하겠다고 말해도 될까요?

A. 마음은 이해합니다. 다만 판단은 상사의 몫이에요.

외근 후 사무실에 다시 들어가고 싶지 않은 마음은 모두 같을 거예요. 그러나 정해진 회사 규율이 있으니 미팅 후 회사 복귀 여부를 마음 가는 대로 판단할 수는 없어요. 먼저 상사에게 솔직하게 보고한 뒤, 판단은 상사에게 맡겨야 해요. 마음을 이해하거나 타당한 이유라 생각되면 분명 퇴근을 허락할 테니까요.

외근 후 직퇴하고 싶은 직장 생활 주니어를 위한 팁

미팅, 취재 등 외근 후 바로 퇴근하는 것을 직장인 사이의 은어로 '직퇴'라고 한다. 직퇴 후 친구를 만나거나 자기만의 시간을 보내고 싶은 마음은 이해한다. 그렇지만 무턱대고 직퇴를 할 수는 없다. 미팅 장소와 시간, 회사와의 거리, 퇴근 시간을 고려해 직퇴를 계획하자. 예컨대 오후 4시경에 외부 미팅을 잡으면 오후 6시경에 마무리된다. 이 경우 퇴근 시간과 맞물리므로 굳이 사무실에 들어가지 않아도 된다.

사전 공유는 기본
직퇴 시 상사와 동료에게 알리지 않고, 말없이 퇴근하는 일이 없도록 해야 한다. 당신이 자리에 없을 때 누군가 당신을 찾거나 당신이 담당하는 업무에 문제가 생길 수도 있다. 외근이 아니더라도 30분 이상 자리를 비울 때는 행선지를 알리는 것이 직장 생활의 매너다. 사전에 직퇴한다고 알렸어도 미팅을 가기 전 상사와 동료에게 다시 한번 외근 후 현장에서 바로 퇴근하겠다고 언질을 주는 것이 좋다.

솔직하게 말하기
퇴근시간에 임박해 매번 직퇴하겠다고 하는 것이 상사가 보기에 업무에 성실히 임하는 태도로 보이지는 않는다. 정당한 이유로 직퇴하더라도 매번 그러면 좋지 않은 인상을 줄 수 있다. 차라리 한번쯤 상사에게 미리 "미팅이 끝나면 4시인데, 바로 퇴근하고 싶다"라고 정면승부를 보는 것도 직퇴의 요령이다.

> 💬 **라떼는 말이야**
>
> 70년대생 박부장: 거래처가 아무리 멀어도 퇴근은 회사에서 한다.
> 80년대생 낀대리: 상사의 기분을 파악해서 눈치껏 말한다.
> 90년대생 이사원: 명분이 있다면 사전에 보고하고 직퇴한다.

[미팅·외근&조문]

40 엘리베이터에도 상석이 있나요?

Q. 엘리베이터 안에서 저는 안쪽에 서 있으면 안 되나요?

입사 후 얼마 안 돼 부장님과 외부 미팅에 나서게 되었어요. 부장님과 거래처 담당자는 이미 친분이 있는지 친근해 보이더라고요. 모두 엘리베이터를 탔는데 제가 안쪽으로 먼저 들어갔죠. 나름대로 넓은 자리를 만들어 드리기 위해 구석으로 들어가 벽에 기대 서 있었어요. 그런데 회사에 들어오는 길에 부장님께서 어디 가서 그런 실수는 하지 말라더군요.

A. 엘리베이터의 상석을 미리 알았다면 좋았겠죠.

엘리베이터에도 상석이 있습니다. 엘레베이터 문을 바라본 방향에서 버튼의 대각선 안쪽 자리가 상석입니다. 상급자와 함께 엘리베이터를 탄다면 가장 먼저 안쪽으로 들어가 벽에 기대는 대신 살짝 옆으로 비켜서 상사가 안쪽 자리로 들어갈 수 있도록 공간을 만들어주는 것이 매너 있는 행동입니다.

> **엘리베이터 문이 닫히지 않도록 하는 배려**
> 엘리베이터를 타는 순서는 그다지 중요하지 않다. 다 타기 전에 문이 닫히지 않도록 버튼을 눌러주는 것이 더 중요하다.

엘리베이터 밖이든, 안이든 상대가 갑자기 닫히는 문 사이에 끼이지 않도록 배려하는 것이다. 엘리베이터에서 내릴 때는 상사가 먼저 나갈 때까지 열림 버튼을 누르고 기다리자. 다른 사람들은 출입문을 향해 서 있는데 혼자 반대 방향으로 서 있거나, 주변 사람을 아랑곳하지 않고 큰 소리로 떠드는 행동, 사람이 내리지 않았는데도 무리하게 타려는 행동 등을 하면 매너 없는 사람으로 보이기 십상이다.

⊕ PLUS TIP

엘리베이터 밖에서 배웅하는 상황이라면
만약 자신이 엘리베이터를 타는 경우가 아니라 누군가를 배웅하는 상황이라면 상대가 엘리베이터를 탈 때 돌아서는 게 아니라 문이 완전히 닫힐 때까지 기다리는 것이 상대에 대한 배려다.

엘리베이터 안 상석

출입문에서 가장 먼 안쪽, 엘리베이터 버튼에서 대각선의 자리가 상석이지만 매너와 관계없이 상급자가 본인의 편의에 따라 위치를 선택하면 그곳이 상석이다. 무리하게 상사를 상석으로 안내할 필요는 없다. 상대의 위치에 따라 자연스럽게 본인의 자리를 잡으면 된다.

엘리베이터 안 말석

엘리베이터 버튼을 조작할 수 있는 버튼 앞자리가 말석이다. 하지만 이 경우에도 상사가 먼저 버튼 앞자리에 자리 잡으면 본인도 자연스럽게 상사 뒤로 가서 서면 된다. 먼저 버튼을 누르려고 부자연스럽게 애쓰거나 안절부절 못하는 모습을 보이는 건 오히려 실례일 수 있다.

[미팅·외근&조문]

4 1 택시에도 상석이 있나요?

Q. 상사와 함께 택시를 탈 때 저는 어디에 앉아야 하나요?

상사와 저를 포함해 총 4명의 팀원이 다 함께 외근을 나간 적이 있습니다. 회사로 복귀하려고 택시를 잡았는데, 제가 앞자리에 앉아야 하는지 뒷자리에 앉아야 하는지 몰라 무척 난감했습니다. 얼떨결에 뒷자리에 앉았지만, 예의에 어긋난 것은 아닌지 헷갈려요.

A. 잘 모르겠다면 주변에 있는 선배에게 살짝 물어보세요.

기사가 있는 경우 상석은 승·하차가 편한 운전석의 대각선 자리이고, 그다음이 운전석 뒷자리입니다. 4명이 함께 택시를 탄다면 뒷자리 가운데 좌석이 가장 말석이 됩니다. 의자가 솟아 있어 다리를 벌리고 앉아야 하는 불편함이 있기 때문이죠.

> ### 자동차에서 상석의 기준
> 상석은 다른 사람이 내리거나 타는 데 불편함이 없고 자신이 내릴 때 다른 사람에게 비켜달라고 부탁할 필요가 없는 자리다. 영화나 드라마에서 자동차에 타는 회장님을 떠올려보자. 일반적으로 자동차는 운전석의 대각선 자리가 상석이다. 그러니 기사 뒷자리로 상사를 들어가라고 하지 말자. 누가 운

전하느냐에 따라 다르지만 자신보다 상급자가 직접 운전할 경우 조수석이 상석이다. 예컨대 신입인 자신과 부장, 사장이 함께 이동할 때 사장이 운전한다면 그 옆자리에는 부장이 앉는다. 다만 부장이 운전할 경우 조수석의 뒷자리에는 사장이 앉는다. 누가 운전하고, 최상급자가 어디 앉는지에 따라 상석의 위치는 달라진다.

(+) **PLUS TIP**

애매할 땐 먼저 물어보기

먼저 "뒷자리에 앉으세요"라거나 "제가 앞자리에 앉을게요"라고 통보하는 말투는 상대를 당황시킬 수 있다. 어디가 상석인지 안다고 할지라도 처음 동석하는 자리에서는 상사나 선배의 의견을 먼저 물어보자. "어디 앉는게 편할까요?"라고 물으면 된다.

상사가 직접 운전하는 경우

상급자가 직접 운전하는 경우 상급자를 중심으로 자리 배치가 바뀐다. 이때는 조수석이 상석이다.

택시를 타는 경우

말단 사원이 조수석에 앉아 목적지를 알리고 비용을 지불하는 일을 맡는다. 상사가 먼저 앞자리에 앉으면 뒤에 타면 된다.

[미팅·외근&조문]

4 2 장례식에서 '안녕하세요'라고 인사하면 안 되나요?

Q. 같은 팀 대리님의 조모상 장례식장에서 만나는 사람마다 "안녕하세요"라고 인사했는데, 제가 잘못한 건가요?

지난 겨울, 대리님의 조모상에 조문을 갔어요. 마주치는 상사들에게 꼬박꼬박 "안녕하세요", "안녕히 가세요"라고 인사하자 옆에 있던 선배가 그렇게 인사하는 것이 아니라며 지적했습니다.

A. 장례식에서는 '안녕하세요'라고 인사하지 않습니다.

상주에게는 특히 하지 말아야 할 인사말입니다. 다른 사람들에게 인사해야 한다면 "오랜만에 뵙습니다" 또는 "잘 지내셨습니까"라고 하면 됩니다.

상주에게 빈소를 묻는 전화는 자제하기
빈소의 위치를 잘 모를 때는 부고 문자에 있는 장례식장에 전화해 직접 물어보자. 애통한 마음의 상주에게 빈소가 어디냐고 묻는 전화는 하지 않는 것이 예의다.

발인 전 조문하기
장례는 대부분 3일장을 치른다. 그러므로 3일째 되는 날은

발인을 한다. 예컨대 10월 1일에 부고 문자를 받았는데 10월 3일에 장례식장에 방문한다면 조문이 불가하다. 유족들이 이른 새벽 장지로 이동하기 때문이다. 장례 1일 또는 2일째에 방문하는 것이 적당하다. 늦은 시간이라도 부고 문자를 받은 날이 1일째라고 보면 된다. 발인 날짜를 확실하게 알아 그 전에 조문하는 것이 예의다.

고인의 사망 경위 묻지 않기
고인과 친밀한 사이가 아니라면 돌아가시게 된 경위를 모를 수 있다. 하지만 유족들에게 직접 묻거나 조문객들과 이야기를 나누는 것은 실례다. 유족들을 위로한 후 나중에 지인에게 묻는 편이 그나마 낫다. 한편 고인과의 친분을 애서 강조하거나 과장해 위로할 필요도 없다.

빈소에서 건배는 금물
건배는 서로 잔을 들어 축하하거나 행복을 빌 때 하는 행동으로 상갓집에서는 어울리지 않는다. 당신의 잘못된 행동 하나에 다른 조문객들이 눈살을 찌푸릴 수 있다.

빈소에 머무는 시간은 너무 길지 않게
조문 시간은 보통 1시간 이내가 적당하다. 너무 오랜 시간 머무는 것은 유족에게도 부담이 될 수 있다. 또 조문 전 상주가 조문객을 맞이할 준비가 되었는지 먼저 확인 후 조문하는 것이 올바른 매너.

GUIDE 조문 가이드

결혼식과 달리 장례식은 애도를 표하는 자리인 만큼 특히 주의할 것.

조문 순서

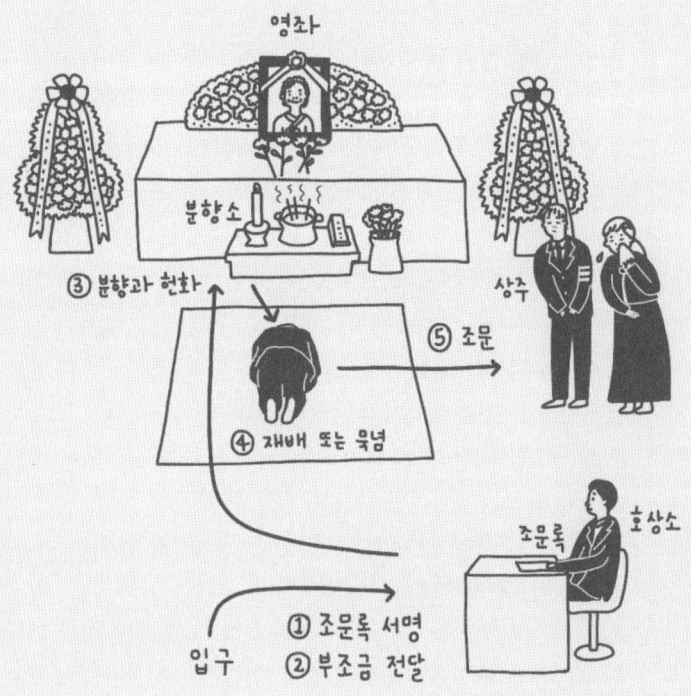

① **조문록 서명**

조문하기 전 조문록에 이름을 쓰고 상주에게 목례한다.

② **부조금 전달**

조문한 후 입구로 나와 마지막으로 준비해둔 부조금을 전달하는 것이 전통 방식이다. 하지만 요즘은 조문록에 서명하며 부조금을 부의함에 넣기도 한다. 장례식장의 구조나 상황에 맞춰 부조금을 전달하면 된다. 부조금 봉투 앞면에는 부의(賻儀)라고 쓰고, 뒷면 왼쪽 하단에는 부조하는 사람의 이름을 세로로 쓴다. 부조금을 전달할 때는 부조하는 사람의 이름이 보이지 않도록 앞면으로 돌려서 주는 것이 예의다.

③ **분향과 헌화**

헌화할 때 꽃봉오리의 방향을 고인이 향을 맡도록 영정 사진이 있는 쪽으로 가게 해야 한다는 주장과 고인이 자리에서 줄기를 잡고 꽃을 볼 수 있도록 조문객 쪽으로 한다는 주장이 있으므로 상황에 따라 자연스럽게 놓으면 된다. 향은 1개 또는 3개, 홀수로 짚는다. 짝수로 짚으면 안 된다. 향불이 꺼지면 안 되므로 빈소에 사람이 많지 않고 꺼질 것 같으면 3개의 향에 불을 붙여둔다. 향불을 끌 땐 입으로 불지 말고 흔들어 끄거나 손으로 살짝 눌러 끈다.

④ **재배 혹은 묵념**

재배
고인에게 두 번 절하는 것을 말한다. 남자는 오른손을 위로, 여자는 왼손을 위로 두고 절한다. 하지만 지역마다 예법이 달라 손의 위치가 조의의 척도가 되지는 않는다. 진심으로 고인을 기리는 마음이면 되었다.

묵념
반드시 절을 해야 하는 것은 아니고 대신 묵념을 해도 된다. 묵념은 너무 길거나 짧지 않게 한다. '아버님, OO라고 합니다. 그동안 고생 많으셨습니다. 편안하게 쉬세요. 편안히 영면하십시오.' 이 정도 마음을 품으면 된다.

⑤ **조문**
재배 또는 묵념 후에는 상주와 맞절을 한 번 하거나 인사로 대신한다. 가까운 사이가 아니라면 조의의 말은 하지 않아도 무방하다. 조문할 때는 "얼마나 상심이 크십니까", "고인의 명복을 빕니다" 등 간결히 위로하면 된다.

○○○ 부조금 매너

① 부조는 상부상조의 의미

부조는 전통적으로 상부상조의 의미가 있는 만큼 웬만하면 챙기는 것이 좋다. 하지만 연차가 낮은 사회 초년생은 서로 깊은 관계가 아니거나 언제 주고받을지 예측할 수 없어 부조를 매번 하는 데 한계가 있을 수 있다. 잘 모르는 사람이 불쑥 찾아가면 유족이 당황할 수도 있다. 사정상 조문하지 못했다면 문자 조의를 표하거나, 기억해 두었다가 우연히 회사에서 마주쳤을 때 진심을 담아 위로를 건네면 된다.

② 부조금 기준

부조금은 보통 5만원에서 10만원 내외로 한다. 연차가 낮은 사원은 보통 관계에 따라 3만원에서 5만원을 한다. 최근에는 물가가 높아지면서 5만원은 기본으로 해야 한다는 의견이 있으니 참고하자. 다만 부조금은 3만·5만·7만원 등 홀수 금액으로 내야 한다는 점은 반드시 알아야 한다.

부조금을 전달할 때는
본인의 이름이
보이지 않도록
앞면으로 돌려 건네는
것이 예의다.

앞면
부의(賻儀).

뒷면
왼쪽 하단에 세로로 부조하는 사람의 이름을 쓴다.

GUIDE 조문 위로 가이드

진심 어린 마음으로, 과하지 않게 위로할 것.

호상이라는 말 하지 않기

호상은 복을 누리며 오래 산 사람의 상을 의미한다. 고인이 오래 살다가 노환으로 편히 돌아가셨더라도 죽음의 호상 여부를 타인이 함부로 가리는 것은 옳지 않다. 유가족에게 무례하게 들릴 수 있기 때문이다.

가급적 짧게 위로하기

슬픔에 잠긴 사람 앞에서 오래 머물거나, 사적인 이야기를 나누는 것은 유족에게 실례가 될 수 있다. 하고 싶은 말이 있다면 장례를 마친 후 개인적으로 만나서 하는 것이 바람직하다.

침묵하기

만약 적절한 인사말이나 위로하는 말을 찾지 못했다면 아무 말 하지 않는 것도 괜찮다. 결례되는 말을 하거나 중언부언하는 것보다 오히려 깊은 조의로 느껴질 수 있다. 장례식장에서 침묵은 슬픔에 깊이 공감한다는 의미로 받아들여지기도 한다.

위로의 메시지

개인 사정으로 조문하지 못했을 때 메시지로
마음을 전할 수 있는 적당한 문구.

직접 찾아뵙지 못해 죄송합니다. 먼발치에서나마 큰 슬픔에 대해 위로드립니다. 문자 몇 마디로 위로가 되지 않겠지만, 고인을 떠나보낸 큰 슬픔 모두가 함께 나누고 있으니 조금이나마 슬픔을 달랠 수 있기를 바랍니다. 고인의 명복을 빕니다.

심적으로 가장 힘든 시기에 직접 조문하고 위로를 건네지 못하는 점 진심으로 죄송합니다. 미리 연락 드리지 못해 죄송하고, 나중에 꼭 찾아뵙겠습니다. 삼가 조의를 표하며, 고인의 명복을 빕니다.

얼마나 마음 아프고 상실감이 크시겠어요. 갑작스러운 이별이라 더욱 황망하시겠지요. 그래도 OO님은 좋은 곳으로 가셨을 거예요. 삼가 고인의 명복을 빕니다.

일을 잘하고 싶지만
아직 헤매는 당신을 위한
일머리 노하우

[일 센스]

열심히 일하지만 자꾸 뭔가를 빠뜨린다 172

일의 우선순위를 모르고 일단하고 본다 174

문제가 생기면 무조건 상사에게 달려간다 176

어떻게 질문해야 할지 몰라 아예 질문을 안 한다 178

마감 기한을 지키지 못한다 180

열심히 일하지만 자꾸 뭔가를 빠뜨린다

메모를 해둬도 할 일을 자꾸 잊어버리거나 같은 실수를 반복한다.
자괴감에 빠진 당신에게 하는 조언.
하나, 고민하는 것만으로도 당신은 잘 해낼 수 있다.
둘, 당신의 메모 방법을 점검해 보라.

✅ **나는 과연 제대로 기록하고 있는 걸까?**

☐ 생각나는 대로 아무 곳에나 적는다.

☐ 메모한 뒤 다시 펼쳐 보지 않는다.

☐ 분류하지 않고 모두 한곳에 적는다.

☐ 메모를 찾는 데 1분 이상 시간이 걸린다.

☐ 실수한 뒤 메모를 보면 기억난다.

당신을 위한 다이어리 작성법

왼쪽에는 타임라인별로 계획한 일을 적고, 오른쪽에는 실제로 한 일을 적는다. 계획한 일과 실제로 한 일을 비교해 보자. 계획한 일을 왜 못 했는지 이유를 생각하고 당시 느낀 감정도 함께 작성한다. 내가 어떤 상황에서 무슨 감정을 느끼는지 파악하고, 어떤 업무를 할 때 스트레스 없이 진행하는지 파악하는 것을 우선으로 한다. 자세히 적기가 번거롭다면 적어도 해야 할 일 목록만큼은 만들자. 노션, 에버노트, 원노트 등 필기 프로그램을 사용해도 좋다.

○	TO DO LIST	DONE LIST
a.m. 9:00	OOO 대표님께 메일 발송하기	OOO 대표님께 메일 발송
10:00	제작 굿즈 시장 조사	메일을 어떻게 보낼지 고민하다 오전 시간을 다 보냈다.
11:00	신간 홍보비 기안 올리기	신간 홍보 비용 계산(기안X)
p.m. 12:00		
1:00	온라인 서점 상세 페이지 등록	제작 굿즈 시장 조사
2:00	보도자료 작성	SNS 홍보 카피 문구 작성
3:00	서평단 모집	*갑자기 요청받은 일!
4:00	제작 굿즈 아이디어 회의	제작 굿즈 아이디어 회의
5:00		이벤트 당첨자 선별
6:00		지난주에 마감된 이벤트인데 불현듯 떠올랐다.

일의 우선순위를 모르고 일단하고 본다

일의 우선순위를 결정하는 것은 마감일이다.
상급자가 지시한 일이 있다면 먼저 처리한다.
그 이후 주어지는 업무 항목이
대략 다음과 같을 때, 어떤 업무부터 해야 할까?

Q. 다음의 업무 항목을 우선순위에 따라 나열하기

A 얼마 전 협업 제안을 거절한 업체에서 보낸 메일 회신
B 팀장이 지시한 신간 홍보 아이디어 제시
C 프로젝트 제작비 기안문 작성
D 콘텐츠 제작 및 실행(주요 포지션)

A. 마감일이 동일하다고 가정할 때, B-C-D-A 순서로 진행하는 것이 효율적이다.

메일 회신 A
메일 회신은 정기적인 하루 일과다. 홍보 등을 위해 언론과 소통하거나 신속한 커뮤니케이션이 필요한 사안이 아니라면 메일 회신은 좀 늦어도 된다.

아이디어, 리스트업 등 빌드업 업무 B
상급자가 지시한 업무라면 서둘러 발전시켜야 한다. 특히 아이디어, 리스트업 등 프로젝트의 기반이 되는 업무는 그다음 단계로 이어질 수 있도록 하는 주춧돌과 같다. 틀을 만드는 과정이므로 결과가 조금 투박해도 괜찮다.

비용 관련 업무 C
기안, 결재 등 비용과 관련한 업무도 중요하다. 팀에 필요한 예산을 받아들이거나 결재가 완료된 후 업무가 진행되는 경우가 많기 때문이다. 그래도 상사의 지시를 먼저 해결하고 난 뒤 처리하는 게 현명하다.

포지션 관련 주요 업무 D
실행 단계의 업무는 가장 우선해야 하는 일은 아니지만 실수 없이 해야 하는 만큼 중요도가 높다. 공들여 집중할 수 있는 시간을 확보해 진행한다.

> **주의** 일을 진행할 때 순서를 미뤄도 괜찮을지 모르겠다면 상사에게 업무 우선순위를 물어본 뒤 실행하는 게 낫다.

문제가 생기면 무조건 상사에게 달려간다

A프로젝트를 진행 중인 당신.
마감 당일 업체로부터 문제가 생겼다는 연락을 받았다.
당신은 어떻게 행동할 것인가?

✓ **이런 적 있다, 없다?**

☐ 머릿속이 하얘져 상사에게 달려간 적이 있다.
☐ "이러이러해서 안 된다고 합니다"라고 말한 적이 있다.
☐ "그래서 어쩌라는 건데?"라는 말을 들은 적이 있다.

문제를 파악한 후 플랜B를 짜보자

당신에게 결정권이 없다고 생각해 내용만 전달하는 메신저처럼 행동하는 것은 바람직하지 않다. 소극적인 사람이라는 오해를 부를 수 있다. "제 생각에는 무리없는 일정 같으니, 다음 단계를 미리 준비해 놓을 필요가 있을 것 같습니다." 이런 식으로 해결책이나 대안을 제시해라. 문제 상황이 발생했을 때 당황하지 않고 플랜B를 구성해 보고해야 한다. 문제가 생겼을 때 무작정 상사에게 달려가지 않고 상황과 대책을 정리한 뒤 보고하는 습관을 들이는 것이 좋다.

일 잘하는 사원이라면 이렇게 행동한다

당일 협력 업체에서 자료 전송이 늦어질 것 같다는 연락을 받은 당신. 어떻게 문제없이 처리할 수 있을지 고민한다. 업체에게 언제까지 자료를 줄 수 있는지 확인한 후 기한에 맞춰 플랜B를 설정한다. 그런 다음 상사에게 보고한다. "담당 업체가 자료를 이런 이유 때문에 며칠까지 준다고 합니다. 일정을 미뤄야 할 것 같은데, 그 이후에 필요한 작업을 먼저 진행해 일정을 단축하면 어떨까요?" 이런 대응이 당신을 믿음직해 보이도록 만든다.

"그래서 네 생각이 뭔데?"

선배의 이런 질문에 뭐라고 답할 것인가. 미리 가정해 보고 그런 질문을 받았을 때 당신이 생각하는 문제 해결법, 더 나은 대안을 말할 수 있어야 한다. 이건 선배의 질책이기도 하겠지만 실제로 실무자의 의견이 궁금해 묻는 것일 수도 있다.

어떻게 질문해야 할지 몰라 아예 질문을 안 한다

질문하는 게 두렵기만 하다. 머릿속은 복잡하지만
막상 입 밖으로 나오는 말은 없다.
가장 좋은 방법은 질문하기 전 긴장하지 않는 것인데,
이 역시 전략이 필요하다.

☑ **질문하기 전 체크해야 할 세 가지**

☐ 내가 무엇을 모르는가?
☐ 내가 무엇을 알아야 하는가?
☐ 내가 무엇을 두려워하는가?

내가 무엇을 모르는가?

업무를 파악하려면 내가 무엇을 모르는지 정확히 아는 것이 중요하다. 이 일을 하는 배경, 이를 통해 얻으려는 결과나 목표, 업무 방식, 마감 일정 등 과업 달성에 필요한 요소를 정리하며 내가 정확히 무엇을 모르는지 알아야 한다.

내가 무엇을 알아야 하는가?

모르는 항목을 정리했다면 그중 내가 스스로 알 수 있는 항목을 정리해 보자. 질문을 했는데 알고 보니 너무 쉽게 처리할 수 있었던 문제일 수도 있기 때문이다. 조금만 더 생각하고 고민하거나, 인터넷 검색 등을 통해 해결해 보려 노력해 정확히 알아야 하는 게 무엇인지 파악하자.

내가 무엇을 두려워하는가?

상대의 반응이 두려운 것인지, 중언부언 말하는 자신이 못마땅한 것인지, 자신이 어떤 이유로 질문하기를 꺼리는지 돌아보자. 평소 대화 패턴이 공격적인 사람이 있을 수 있다. 그런 사람과는 감정적 거리를 두는 편이 낫다. 상사 앞에서 말할 때마다 주눅 든다면 사전에 연습해 보자. 내 모습을 촬영해 모니터링하는 방법이 가장 효과적이다.

⊕ **PLUS TIP**

눈치 보는 습관을 버려라

'이런말을 하면 바보 같아 보이지 않을까?' 하는 생각은 대부분 불안한 감정에서 비롯된다. 문제를 해결하고 얻을 수 있는 긍정적인 결과를 상상하라.

마감 기한을 지키지 못한다

할 수 있을 것 같았는데, 늘 마감 기한이 지나 보고하게 된다.
이제는 객관적인 판단을 해야 할 때다.

> ☑ **상사가 나에게 지시를 내렸다.**
> **이럴 때 난 이렇게 한다.**
>
> ---
>
> ☐ 100m 달리기를 시작하듯 일한다. 준비, 시작!
> ☐ 업무가 밀려도 괜찮다. 밤 새우면 할 수 있다.
> ☐ 데드라인인 마감 전날에야 마음이 급해진다.
> ☐ 마음은 조급하지만 행동은 느긋하다.
> ☐ 일의 순서와 구성을 쉽게 뒤집는다.

당신의 문제는 준비 없이 우선 시작하고 본다는 것

예를 들어보자. 자료 조사를 3일 안에 끝내야 한다면, 당신은 업무가 주어진 즉시 자료 조사를 시작할 것이다. 그것이 당신의 문제. 조사를 실행하기 전 해야 할 일이 있다. 먼저 그 자료를 구성하는 항목이 무엇이고 어떤 내용을 조사할 건지를 생각해야 한다. 항목별로 로데이터(law-data)를 찾은 후 이를 정리해 가공하고 최종 정리하는 시간도 필요하다. 자료 조사라는 하나의 일을 할 때도 프로세스가 있음을 명심한다.

실제 업무에 소요하는 시간 기록하기

처음 일을 시작하는 당신은 무엇을 어떻게 해야 할지 모를 수 있다. 그래서 처음엔 이 정도면 할 수 있을 거라고 예상하고 시작한 일도 계획대로 실행하지 못한다. 일단 부딪혀 보자. 그 다음부터는 제대로 하면 된다. 하지만 다음에 제대로 하려면 내가 업무에 소요하는 시간이 어느 정도인지 기록하고 회고한다. 실제로 어떤 일을 할 때 대략 이 정도 시간이 걸린다고 파악하면 다음 과업을 수행할 때는 이를 토대로 계획을 세울 수 있다.

마감일을 맞추지 못할 것 같다면

최선을 다했는데도 마감일을 지키지 못할 때가 있다. 이때는 힘들어도 사태를 파악한 즉시 보고해야 한다. 마감 당일에 일정을 맞추지 못한다고 보고한다면, 상사는 당신을 무책임한 사람이라고 생각할 것이다. 마감일 전 미리 상사에게 시간이 얼마나 더, 왜 필요한지 구체적인 이유와 방안을 구상해 보고하자.

재미로 보는
선배들의 속마음

회사 선배의 진실 랭킹

'후배야, 이러면 나 정말 답답하다!' vs. '우리 오래 같이 일하자'

답답한 상황 베스트

10

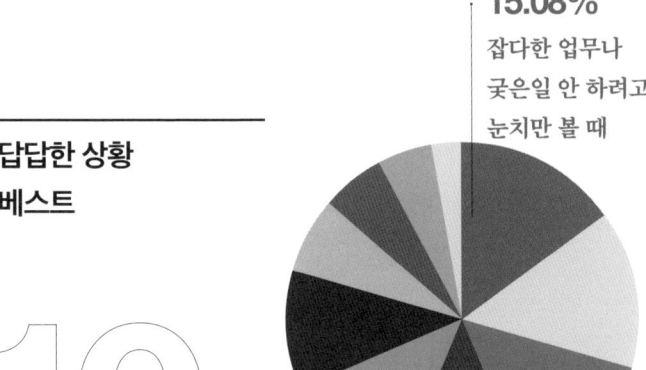

15.08%
잡다한 업무나
궂은일 안 하려고
눈치만 볼 때

잡다한 업무나 궂은일 안 하려고 눈치만 볼 때 **15.08%**	물어봐야 대답하는 스무고개식 대화를 할 때 **14.43%**
1	2

3년 차 이상 10년 차 이하 직장인 1000명에게 물었다.
어떨 때 후배가 가장 답답하고, 어떨 때 가장 예뻐 보일까?

하나부터 열까지 '어떻게 하면 되나요?' 물어볼 때 **14.10%** **3**	말귀를 못 알아듣고 자꾸 되물을 때 **12.77%** **4**
모르면서 아는 척하다 나중에 실수할 때 **12.43%** **5**	말시키면 묵묵부답. 대답이나 반응을 안 할 때 **10.83%** **6**
메모는 안 하고 물어본 것 또 물어볼 때 **6.88%** **7**	다 할 수 있을 것처럼 굴더니 처리 못 하고 쌓아놨을 때 **5.90%** **8**
매사에 비관적이고 의욕 없을 때 **4.93%** **9**	일 시키면 세월아 네월아 붙잡고 있을 때 **2.65%** **10**

눈에 띄는 후배 베스트

10

하나를 말하면 열을 하는
센스 만점 눈치파

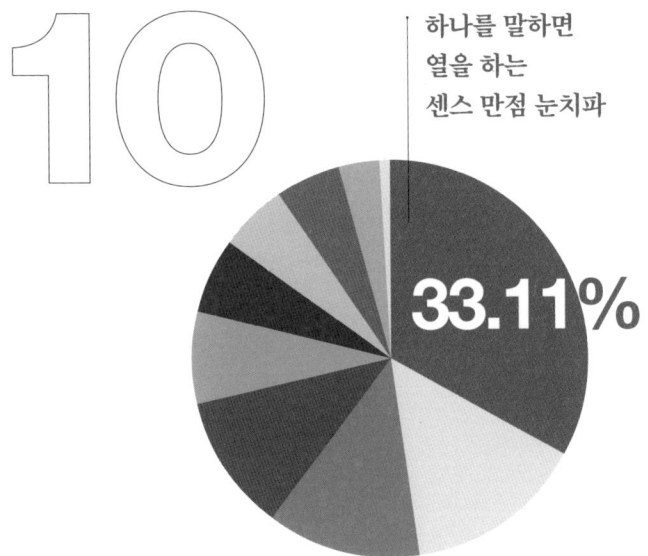

33.11%

하나를 말하면
열을 하는
센스 만점 눈치파

33.11%

1

긍정적인 태도와 밝은
미소 **스마일파**

14.75%

2

인사 잘하는 **예의범절파** 3 **12.45%**	실수를 인정하고 꾸밈없이 정직한 **진지파** 4 **11.15%**
시킨 일 척척 해내는 **능력파** 5 **7.55%** 	누구와도 커뮤니케이션을 잘하는 **입담파** 6 **6.22%** 
느려도 끝까지 꼼꼼히 챙기는 **성실파** 7 **5.58%**	궁금한 것, 하고 싶은 것 많은 **반짝 열정파** 8 **5.25%**
아이디어 뱅크 **창의력파** 9 **3.28%** 	실패를 두려워하지 않고 일단 해보는 **추진력파** 10 **0.66%**

시니어 SAYS

이럴 때 어떻게 할까? 서로 다른 회사에 다니는 직장인 6인에게 물었다

'선배라면 어떻게 하시겠어요?'

참가자

A씨	대기업 근무(7년 미만)
B씨	공기업 근무(10년 미만)
C씨	스타트업 근무(10년 미만)
D씨	스타트업 근무(5년 미만)
E씨	중견기업 근무(5년 미만)
F씨	중소기업 근무(7년 미만)

Q1 팀원들과 함께하는 점심시간, 혼자 먹으러 가고 싶은데 눈치 보일 때

A- 그냥 당당하게 말하고 먹으러 가. 왜 눈치를 봐? **B-** 분위기 봐서 솔직하게 말해보고 아니다 싶으면 그냥 따라간다. **C-** "선약이 있어서…. 죄송합니다" **D-** 팀원들이 고른 메뉴에 알레르기가 있다고 해요. **E-** "오늘은 중요한 점심 약속이 있어요ㅠㅠ" **F-** 직장 생활에서 골치 아프지? 그냥 묻어 가.

Q2 외근 후 바로 퇴근하고 싶을 때

A- 금일 업무 보고, 내일 업무 계획 보고 후에 퇴근한다. **B-** 매일 그렇지만, 눈치 보며 퇴근한다. **C-** "외근 후 바로 퇴근하겠습니다." **D-** 한 번 퇴근 시간 넘어 복귀하고, 이후부터는 근무시간이 지나서 바로 퇴근한다고 말해요. **E-** 센스 있는 상사라면 먼저 외근 후 바로 퇴근하라고 할 텐데…. **F-** 직퇴하면 좋지만 결국 나쁜 평판이 따를 수 있다.

Q3 근무한 지 한 달째. 연차를 쓰고 싶지만, 왠지 눈치 보일 때

A- 미리 사유를 말하고 연차 쓰는 건 문제 없어. **B-** 연차만큼은 양보 못 해! 눈 딱 감고 쓴다. **C-** 선배에게 말하고 연차를 쓴다. **D-** 가족 여행에 빠질 수 없다고 말해요. **E-** 연차는 권리야. 당당하게 써! **F-** 신청해 보고 되면 좋고, 아니면 만다.

Q4 늦은 밤, 몇 시간 전 상사에게 걸려온 부재중 전화를 확인했다면, 다시 전화를 걸어야 하나?

A- 문자로 회신한다. 연락을 이제 확인했다고. **B-** SNS 메신저로 무슨 일이냐고 물어본다. **C-** 문자로 '전화를 받지 못해 죄송합니다. 전화 가능하신가요?'라고 물어본다. **D-** 일찍 자는 편이라 밤엔 전화 못 받는다고 해요. **E-** 늦은 밤이면 자는 척하고 다음 날 아침 일찍 문자 드려. **F-** 퇴근 후에는 전화 안 했으면 좋겠다.

Q5 유관 부서와 협업 중, 왠지 비협조적으로 느껴진다면

A- 이번 건은 참고 진행하되, 앞으로는 해당 부서와 협업 전 반드시 짚고 넘어간다. **B-** 당당하게 싸운다. **C-** 유관 부서 소속 동기나 입사 시기가 비슷한 선후배에게 물어본다. **D-** 제 불만 사항도 말하고 솔직히 소통하자고 해요. **E-** 나도 은연중 비협조적인 태도로! **F-** 선배에게 도움을 청해본다.

Q6 회식이 끝난 후 상사의 표정이 어둡다. 나도 모르게 실수했는지 걱정될 때

A- 물어보면 되지. 뭘 고민해? **B-** 그냥 조용히 눈치를 살핀다. **C-** 상사에게 무슨 일인지 물어본다. **D-** 실수한 것이 있는지 정중하게 물어본다. **E-** 상사가 먼저 말하지 않으면 그냥 모르는 척! **F-** 내가 잘못한 게 없을 가능성이 많다.

MBTI 유형별 상사 대처법

재미로 보는 MBTI별 일하는 방법

상사의 유형을 파악해
알잘딱깔센, 알아서 잘 딱 깔끔하고 센스 있게 일하자.

SJ 관리자형

ISTJ, ISFJ, ESTJ, ESFJ

근면성실! 위계질서를 존중하고 보수적인 가치관을 지녔어요. 책임감이 없는 것을 아주 싫어합니다. 리더십이 있고 일을 잘한다고 소문났어요. 자유로운 유형의 후배라면 이런 상사를 대하기가 조금 힘들 수 있어요.

⊖ 이렇게 일하면 싫어해요
나름대로 퀄리티 높인다고 일 처리 늦어지면 답답해합니다. 효율적으로 일하세요.

⊖ SJ형 상사와 잘 지내고 싶다면
시간 관리를 철저히 하고 계획적으로 일하세요. 작은 것도 꼼꼼히 챙기는 후배를 좋아합니다.

⊖ SJ형 상사가 원하는 것은?
#책임감 #팀워크 #예의

⊖ 이것을 기대하면 실망할걸요
#관용 #칭찬 #융통성

SP 탐험가형

ISTP, ISFP, ESTP, ESFP

길게 설명하는 것, 같은 얘기 반복하는 것을 싫어하고 재빠르고 거침없어요. 위계질서에 크게 신경 쓰지 않습니다. 꼰대가 가장 드문 유형. 먼저 도움을 주지 않기 때문에 필요한 것이 있다면 구체적으로 요구해야 합니다.

⊖ 이렇게 일하면 싫어해요
추상적인 말은 금물. 현실적인 성향이기 때문에 뜬구름 잡는 말을 하면 스트레스 받아요.

⊖ SP형 상사와 잘 지내고 싶다면
감정에 호소하면 어떻게 해줘야 하는지 몰라요. 원하는 것이 있으면 간결하게 말해요.

⊖ SP형 상사가 원하는 것은?
#독립심 #경험 #솔루션

⊖ 이것을 기대하면 실망할걸요
#카리스마 #안정감 #정확성

NF 외교형

INFJ, INFP, ENFJ, ENFP

새로운 프로젝트나 아이디어에 관심이 많고 커뮤니케이션을 활발하게 하고 싶어 해요. 관계와 의미를 중요하게 생각합니다. 잘못에도 너그러운 타입. 이 타입의 상사와는 친구처럼 지낼 수 있어 후배에게 편한 상사로 평가받아요.

⊖ 이렇게 일하면 싫어해요
신뢰를 깨뜨리는 행동을 하지 않도록 특히 조심해야 합니다. 거짓말을 하거나 핑계를 대는 모습에 크게 실망해요. 또 비윤리적이거나 보여주기식 일처리를 싫어합니다.

⊖ NF형 상사와 잘 지내고 싶다면
무모하더라도 괜찮아요. 창의적인 아이디어나 서로의 영감을 공유해요. 숨기거나 포장하지 말고 있는 그대로를 보여주세요.

⊖ NF형 상사가 원하는 것은?
#도덕성 #협력 #공감

⊖ 이것을 기대하면 실망할걸요
#이성적 #냉철함 #일관성

NT 분석형

INTJ, INTP, ENTP, ENTJ

통계 수치, 자료,
정확한 근거와 분석을
좋아합니다. 기준이 높고
완벽을 추구하는 성향이
강해요. 스몰 토크를
못해도 괜찮습니다.
목적이 분명한
대화를 좋아하거든요.
이들에게는 납득할 만한
명분과 논리가 가장
중요해요.

⊖ 이렇게 일하면 싫어해요
남들 하는 대로 따라 하는 것, 형식만 따르는 고리타분한 태도를 싫어합니다. 징징거리거나 스스로 실력을 쌓지 않는 사람을 한심하게 생각합니다. 실효성 없는 의견을 내놓는 사람은 인정하지 않아요.

⊖ NT형 상사와 잘 지내고 싶다면
말 한마디를 해도 논리적이고 체계적으로 하세요. 립서비스에는 감동하지 않는다는 것을 알아야 해요.

⊖ NT형 상사가 원하는 것은?
#합리적 #센스 #지적능력

⊖ 이것을 기대하면 실망할걸요
#부드러움 #관심 #공감

속마음 번역기

'속 시원히 말하고 싶다'
재미로 보는 직장인의 속마음

상사 편		
하는 말	⇄	**속마음**
(출근 인사 하는 직원에게) 이제 오니		주간 회의 있는 날에는 10분 정도 일찍 와줘.
(점심 회식 때) 뭐 먹고 싶어?		그냥 물어본 것이니 아무거나 메뉴 좀 알려줘.
야근하지 말고 해.		야근은 하지 말고, 내가 말한 시간 안에 끝내길.
내가 요청한 건 이번 주 내로 부탁할게.		오늘까지 주면 좋고.
시간 나는 대로 정리해둬.		언제 찾을지 모르니까 지금 당장 부탁해.

후배 편	
하는 말	속마음
그게 아니라….	그게 맞긴 한데….
언제까지 드리면 될까요?	오늘까지는 아니라고 해주세요.
내일 오전까지 드려도 괜찮을까요?	성격 급하시네. 오늘 또 야근해야 하나.
거의 다 했습니다.	시작이 반이니까. 이제 시작할게요.
저번에는 이렇게 말씀하셨는데요.	제 기억에는 분명히 그렇다고요.
몸이 좀 좋지 않아서요.	일 좀 그만 시키세요.
알겠습니다.	사실 잘 모르겠는데, 우선 임시방편!

일 잘하는 직장인이 이용하는 사이트 모음

영감을 주는 트렌드 인사이트와 뉴스레터

캐릿: MZ세대 마이크로 트렌드
www.careet.net

오픈애즈: 마케팅 큐레이션 플랫폼
www.openads.co.kr

바이트플러스: 쉬운 비즈니스 지식
mydailybyte.com

커피팟: 해외 비즈니스 이슈 전달
coffeepot.me

뉴닉: 쉽게 설명하는 시사 뉴스레터
newneek.co

까탈로그: 디에디터가 까탈스럽게 고른 취향 뉴스레터
ccatalog.the-edit.co.kr

주말랭이: 주말에 진심인 사람들이 모여 만든 주말 계획 콘텐츠
onemoreweekend.co.kr

어피티: MZ 세대를 위한 경제생활 미디어
uppity.co.kr

From.21C(프리씨):
문화예술·공연 큐레이션 뉴스레터
from-21c.stibee.com

위클리어스: 한눈에 보는 주간 환경 이슈
www.weeklyearth.com

문서 양식 및 소스 다운로드 사이트

예스폼: 문서서식 및 양식
www.yesform.com

언스플래쉬: 상업용 이미지 사이트
www.unsplash.com

플랫아이콘: 아이콘 데이터베이스
www.flaticon.com

핀터레스트: 템플릿, ui 등 디자인 레퍼런스
www.pinterest.co.kr

눈누: 무료 한글 폰트 다운로드
noonnu.cc

미리캔버스: PPT, 카드 뉴스, 포스터, 유튜브 섬네일 등 템플릿
www.miricanvas.com

윈도우와 휴대폰 모두에서 이용할 수 있는 메모·필기 프로그램

스티커 메모(Microsoft Sticky Notes)
노션(Notion)
구글독스(Google Docs)
에버노트(EverNote)
원노트(OneNote)

유용한 기능이 있는 웹사이트

리멤버: 명함 관리 서비스 및 직장인 커뮤니티
rememberapp.co.kr

비틀리: 긴 URL을 줄여주는 웹사이트
bitly.com

뭐라고할까: 상황별 안부 인사말 모음
whattosay.kr

한국어 맞춤법/문법 검사기
speller.cs.pusan.ac.kr

언론, 통계 자료 등 데이터 정보 제공 웹사이트

빅카인즈: 뉴스 데이터 분석에 관한 리포트를 제공 웹사이트
www.bigkinds.or.kr

오픈서베이: 소비자 데이터 설문조사 결과 제공 웹사이트
www.opensurvey.co.kr

국가통계포털: 통계청이 제공하는 통계 서비스
kosis.kr

온라인 커리어 클래스와 자기 계발 커뮤니티

헤이조이스: 여자들의 라이프 성장 플랫폼
heyjoyce.com

커리어리: IT, 스타트업, 테크업계 현직자들의 네트워킹
careerly.co.kr

탈잉: 온·오프라인 클래스 플랫폼
taling.me

프립: 취미 생활 클래스 플랫폼
www.frip.co.kr

트래픽 빅데이터 정보 분석 사이트

* 검색어 데이터를 분석해 실제로 내가 조사하는 상품의 수요와 사람들의 관심도를 측정해 볼 수 있다.

네이버 데이터랩
datalab.naver.com

카카오 데이터트렌드
datatrend.kakao.com

구글 트렌드
trends.google.com

회의 맞춤형 음성 기록 애플리케이션

클로바노트(CLOVA Note)

<아무도 가르쳐주지 않는 직장 생활 센스와 매너> 만든 스페셜 자문단

김희준

사회생활 7년 차. 영화 홍보사에서 6년, 지금은 커리어 테크 스타트업에서 1년째 일하고 있다. '막내로운' 직장 생활을 하며 끊임없이 해온 고민과 이를 해결할 수 있는 소소한 노하우를 커리어 전문 콘텐츠 구독 서비스 퍼블리 '막내 생존 노하우'를 통해 나누고 있다. '처음', '낯섦', '도전' 이 세 단어를 특히 좋아하고 세상 모든 막내를 응원하는 평범한 직장인.

박해룡

LG(현 GS리테일)에서 직장 생활을 시작해 한솔을 다니다가 아더앤더슨과 딜로이트 컨설팅에서 10년간 경영컨설턴트로 활동했다. LS산전(현 LS일렉트릭)인사 총괄 상무(CHO)로 활동하며, 후배들에게 직장 생활 예절에 대해 코칭했다. 한국액션러닝협회 회장, The HR컨설팅 대표로 인사·교육 분야 강의와 컨설팅을 했으며 현재는 스탠다드에너지의 HR부문장(CHRO)으로 조직과 구성원의 성장을 돕고 있다.

신권식

1988년 삼성공채로 입사해 제일모직, 삼성물산에서 30여 년간 근무했다. 갤럭시 빈폴 등 브랜드의 광고마케팅 업무와 브랜드 홍보 및 기업 홍보 일선에서 활동했다. 대학 재학시절 방송활동 경험을 살려 삼성그룹방송 앵커로 활동하며 2002년 삼성홍보인상대상을 수상하는 한편, '자랑스런 삼성인상' 시상식에서 사회를 맡는 등 활약을 펼쳤다. 신입 기자 연수 프로그램에서 비즈니스 에티켓의 테이블 매너를 강의해 각광받았다.

+ info 자문단은 가나다 순을 기준으로 정렬했다.

오혜원

유튜브 채널 '달통 HAYLEY'를 통해 구독자 7000여 명의 일상을 다독이는 꼰대 감별사. MZ세대라는 테두리에서 그들의 생각을 대변하는 것이 아닌, 우리는 다른 생각을 하고 있다는 걸 알리고 싶은 우물 밖 개구리. 중소기업 건축 설계 디자이너로 1년간 근무한 후 현재는 프리랜서로 활동 중이다. 퇴사썰로 약 70만 뷰에 이르는 조회 수를 기록하고 SBS 예능 프로 <써클 하우스>에 출연했다.

유세미

14만 구독자의 열렬한 지지를 받는 소통·리더십 전문가. 서울에서 태어나 한국외국어대학교를 졸업했다. 삼성물산과 애경에서 25년간 재직했으며, 유통업계의 유리천장을 부수고 애경 최초의 여성 임원이 되었다. 저서로는 <관계의 내공>, <성공이 전부인 줄 알았다>, <오늘도 출근하는 김대리에게>가 있다.

이은미

대기업 공채 디자이너 최초로 임원에 오른 30년 경력의 베테랑 남성복 디자이너. 갤럭시, 로가디스, 란스미어, 빨질레리 등이 그의 손길을 거쳐 현재 대한민국 유수의 남성복 브랜드로 자리매김했다. 자랑스러운 삼성인상을 2회 수상했으며, 삼성 사장단 코디네이터로 활약했다. 2010년 월드컵 축구 국가대표팀 유니폼을 디자인하며 유명해져 여러 기업 워크숍에 초청받아 옷 잘 입는 스타일링 비법을 전수했다. 현재는 부림광덕 내수사업본부 사장으로 누구나 부담 없이 입을 수 있는 가성비 좋은 옷을 만드는 맨잇슈트, 젠, 르메스트 등의 브랜드를 이끌고 있다.

이 책을 읽고 나서

모르면 물어보면 되죠

사회에 첫발 내딛은 지 이제 3년 차
잘하고 싶지만 어떻게
해야 할지 모를 때가 많았습니다.
'이런 걸 물어봐, 말아?' 하면서
고민하기 일쑤였지요.
너무 사소한 질문들이지만,
책을 꾸리며 이때가 기회다 싶어
상사, 임원, 전문가 모두에게
가감 없이 물었습니다.
제가 배우고 느낀 것을
빠짐없이 담으려 노력했습니다.
같은 마음을 가진 직장인에게
도움이 되리라 생각합니다.
그래도 모르겠다면
우리 너무 눈치 보지 말고,
일희일비하지 말고
물어보면서, 부딪혀 봅시다.

잘하고 싶은 마음은 굴뚝같지만
이럴 땐 어쩌지, 저럴 땐 어쩌지 눈치 보일 때
슬쩍 펼쳐 보았으면 하는 마음으로
이 책을 꾸립니다.

- 막내 에디터 윤제나 올림

한경CAREER

아무도 가르쳐주지 않는 직장 생활 센스와 매너

PUBLISHER
김정호 Jungho Kim

EXECUTIVE DIRECTOR
유근석 Geunseog Yu

EDITOR IN CHIEF
이선정 Sunjung Lee

EDITORS
이진이 Jinyi Lee
강은영 Eunyoung Kang
윤제나 Zena Yoon
손유미 Yumi Son

DESIGNER
서희지 Heezee Seo

ILLUSTRATOR
민효인 Hyoin Min

SALES&DISTRIBUTION
정갑철 Kapchul Jung
선상헌 Sangheon Sun
조종현 Jonghyun Choi

초판 1쇄 발행일 2022년 7월 7일
2쇄 발행일 2022년 9월 14일

ISBN 979-11-92522-08-1
서울 중구 청파로 463 한국경제신문사 6층
02-360-4859

www.hankyung.com